新时代干部之基系列丛书

做干部必须靠得住

晓 山｜著

·北京·

国家行政学院出版社

NATIONAL ACADEMY OF GOVERNANCE PRESS

图书在版编目（CIP）数据

做干部必须靠得住 / 晓山著 . — 北京：国家行政
学院出版社，2022.8

（新时代干部之基系列丛书）

ISBN 978-7-5150-2586-5

Ⅰ.①做⋯ Ⅱ.①晓⋯ Ⅲ.①干部教育—中国—学习
参考资料 Ⅳ.① D630.3

中国版本图书馆 CIP 数据核字（2021）第 247863 号

书　　名	做干部必须靠得住
	ZUO GANBU BIXU KAODEZHU
作　　者	晓　山　著
责任编辑	王　莹　马文涛
出版发行	国家行政学院出版社
	（北京市海淀区长春桥路 6 号　　100089）
综 合 办	（010）68928903
发 行 部	（010）68928866
经　　销	新华书店
印　　刷	北京盛通印刷股份有限公司
版　　次	2022 年 8 月北京第 1 版
印　　次	2022 年 8 月北京第 1 次印刷
开　　本	170 毫米 ×240 毫米　16 开
印　　张	14.5
字　　数	154 千字
定　　价	45.00 元

本书如有印装问题，可联系调换。联系电话：（010）68929022

前　言

习近平总书记强调，任何时候任何情况下，党的领导干部在政治上都要站得稳、靠得住，对党忠诚老实、与党中央同心同德，听党指挥、为党尽责。靠得住，就是要诚实可信，值得信赖。领导干部，首先必须是个靠得住的人，说话做事才能让党和人民放心，才能被赋予重责、委以重任。可以这样说，靠得住，是对领导干部的首要评价，也是最基本的评价。一个靠不住的干部，即使能力再强、本领再大，也不是党和人民需要的干部。领导干部，作为党和人民事业的骨干、人民群众的主心骨，必须首先做一个靠得住的人，才能对党忠诚、为党分忧、为党尽责、为民造福！成为一名新时代靠得住的领导干部，需要领悟、掌握和践行一些具有根本性意义的世界观和方法论。

做干部必须靠得住，将是历久弥新的课题，值得从政者长期思索与实践。

目 录

第一篇

強为政之基

1 政治上的动摇是最危险的动摇，政治上的失守是最致命的失守，政治上的溃败是最全面的溃败

习近平总书记强调："政治问题，任何时候都是根本性的大问题。"讲政治不是纸上谈兵、空喊口号。任务越繁重，风险考验越严峻，政治的弦越要绷得紧一些、再紧一些。政治上的主动是最有利的主动，政治上的被动是最危险的被动。在讲政治这个根本性的大问题上，领导干部一定要坚定政治方向、站稳政治立场、保持政治定力、担当政治责任、防范政治风险，牢牢掌握工作主动权。

没有鲜明的政治意识，就会不打自败。美国前总统尼克松在《1999：不战而胜》中写道："当有一天，中国的年轻人已经不再相信他们老祖宗的教导和他们的传统文化，我们美国人就不战而胜了。"堡垒最容易从内部攻破。正如毛泽东同志指出的，社会主义革命即使取得了胜利，也还会有失败的危险，"卫星上天，红旗落地"。有风险、有问题不可怕，意识不到风险才是最大的风险。习近平总书记深刻指出，不能被轻歌曼舞所误，不能"隔江犹唱后

庭花"。当前，敌对势力渗透破坏愈加猖獗，"普世价值"迷惑、"宪政民主"扰乱、"颜色革命"颠覆、"网上斗争"扳倒的卑劣手段层出不穷。作为领导干部，一定要强化政治意识、忧患意识和使命意识，自觉在"思想上放把枪"，擦亮政治判断的慧眼，提高政治觉悟，增强斗争本领，成为政治上可靠的忠诚卫士。

没有正确的政治方向，就会茫然若迷。政治方向是目标、是纲领，集中反映党的政治主张，是"举什么旗""走什么路""采取什么方针政策"的集中表达。只有把握正确的政治方向，才能切实担负使命、正确履行职责。有人曾问邓小平："长征那么艰难凶险，你是怎样走过来的？"邓小平同志只回答了三个字："跟着走！"长征途中，红军战士认定了自己所选择的旗帜，看准了旗帜所指引的方向，在茫茫草原，在漫漫黑夜，在皑皑雪山中跟着背影走，跟着脚印走，跟着火把走，跟着红旗走，从弱小走向了壮大，从失败走向了胜利，把革命走成轰轰烈烈的燎原之势。新时代的长征路上，也许不会再现当年的围追堵截、战火烽烟，也不会再有枪林弹雨、生死考验。然而，却仍然弥漫着看不见的硝烟，仍然充满不可预知的挑战。领导干部必须始终坚持正确的政治方向，以党的旗帜为旗帜、以党的方向为方向、以党的意志为意志，不能在政治方向上走岔了、走偏了。

没有坚定的政治立场，就会随波逐流。良工有言："木心不正，则脉理皆邪。弓虽刚劲而遣箭不直，非良弓也。"木心正不正，影响着开弓之箭准不准。一了千明，一迷万惑。在大是大非面前、危急紧要关头，局势往往扑朔迷离，最能考验一名党员干部的政治判断力。邓小平同志曾经指出："不讲党性，不讲原则，说话做事看来头、看风向，满以为这样不会犯错误。其实随风倒本身就是一个违反共产党员党性的大错误。"在政治立场上模棱两可，从来是党员干部之大忌。没有坚定的政治立场，只会人云亦云，就会在随波逐流中滑入歧途、滑向深渊。领导干部应做政治的明白人，始终保持绝对忠诚、心无杂念，绝对纯洁、德无杂质，绝对可靠、言无杂音的政治定力，决不能在政治问题上说糊涂话、干糊涂事、做糊涂人。

2　坚定政治方向，坚持政治标准，增强政治觉悟，强化政治担当，落实政治责任

习近平总书记强调，政治能力就是把握方向、把握大势、把握全局的能力，就是保持政治定力、驾驭政治局面、防范政治风险的能力。讲干部素质，最重要的是政治素质；讲领导能力，第一位的是政治能力。政治能力不是抽象的，而是具体的，主要体现在政治方向对不对、政治标准严不严、政治觉悟高不高、政治担当强不强、政治责任实不实上。领导职务越高、位置越重要、面对矛盾越复杂，越要坚定政治方向、坚持政治标准、增强政治觉悟、强化政治担当、落实政治责任。

政治是统帅，是灵魂。列宁说："政治同经济相比不能不占首位。"毛泽东同志讲，政治总是头，政治总是率领军事、率领经

济、率领业务、率领技术的。政治问题，任何时候都是根本性的大问题。讲政治关乎党的前途命运，关乎事业兴衰成败，是党员干部的首要素质和立身之本。如果政治上出了问题，就必然全线崩塌。习近平总书记强调："政治上不合格，经不起风浪，这样的干部能耐再大也不是我们党需要的好干部。"党员领导干部姓"党"，第一身份是政治身份、第一属性是政治属性，必须把政治方向、政治标准、政治觉悟、政治担当、政治责任作为党性锻炼和干事创业第一位要求、第一位标准来修炼、来坚持，任何时候都不含糊、不动摇，始终旗帜鲜明讲政治，做政治上的明白人、老实人。

政治素质是首位素质，政治能力是第一位能力。讲政治，不仅有一个"敢不敢讲、敢不敢旗帜鲜明讲"的觉悟和态度问题，也有一个"能不能讲、会不会讲"的能力和水平问题。习近平总书记强调："全党同志特别是高级干部要加强党性锻炼，不断提高政治觉悟和政治能力。"领导干部提高政治能力，就要坚定政治方向，对事关道路方向、战略全局、前途命运等的原则性问题，要善于主动拿起政治上的"望远镜"和"显微镜"进行观察和认知，做到在重大问题和关键环节上头脑特别清醒、眼睛特别明亮；要坚持政治标准，坚持党的原则第一、党的事业第一、人民的利益第一，遇事多想政治要求、办事多想政治规矩、处事多想政治影响、成事多想政治效果；要增强政治觉悟，认真学习马克思主义的立场观点方法，深入学习习近平新时代中国特色社会主义思想，挺起共产党人的精神脊梁；要强化政治担当，在大是大非面前敢于亮剑，在矛盾冲突面前敢于迎难而上，在危机困难面前敢于挺身而出，在歪风邪气面前敢于坚决斗争；要落实政治责任，坚持守土有责、守土负责、守土尽责，把爱党、忧党、兴党、护党落实到工作生活各个环节，真正做到在党言党、在党忧党、在党为党。

3　站稳政治立场，坚守政治底线，恪守政治原则

习近平总书记强调："坚定的信仰始终是党员、干部站稳政治立场、抵御各种诱惑的决定性因素。""我们要加强和规范党内政治生活，严肃党的政治纪律和政治规矩。"政治立场、政治方向是"指南针"，政治纪律、政治规矩是"防护服"，政治原则、政治生活是"晴雨表"。领导干部作为党的事业的骨干力量，无论党龄多长、职位多高、权力多大，都要站稳政治立场，增强"四个意识"，做到绝对忠诚；坚守政治底线、严明政治纪律和政治规矩，做到永葆本色；恪守政治原则，严肃党内政治生活，做到正气充盈。

立场的坚定度，决定对民的忠诚度。 习近平总书记指出，"民心是最大的政治，正义是最强的力量。正所谓'天下何以治？得民心而已！天下何以乱？失民心而已！'"，"社情民意是观察政治问题的晴雨表"。政治立场是共产党人看待问题、判断是非的政治立足点和出发点。党员领导干部作为党的一员，政治选择无疑是最重要的选择，政治烙印无疑是最鲜明的印记。领导干部一旦在政治立场上出了偏差，或者在为谁说话、替谁办事方面出现问题，就会出现南辕北辙的现象，就会失去党员的基本底色，就会蜕变为异己分子，

忠诚也就无从谈起。领导干部必须始终站稳人民立场，把服务群众、造福百姓作为第一责任，把人民呼声作为第一信号，把人民需要作为第一选择，把人民满意作为第一标准，全心全意为人民谋幸福。

政治底线失守，思想防线溃散。底线是事物质变的分界线、做人做事的警戒线，不可踩，更不可越。政治底线是党员干部的生命线。习近平总书记指出："讲规矩是对党员、干部党性的重要考验，是对党员、干部对党忠诚度的重要检验。"人无规矩则废，党无规矩则乱。政治纪律、政治规矩是管方向、管立场、管根本的总要求，是维护党的团结和集中统一的重要保证。干部只有旗帜鲜明守政治纪律、讲政治规矩才能牢牢坚守政治底线，若政治自律不严，必将走偏走邪、追悔莫及。领导干部讲政治，就是要把严守政治纪律和政治规矩放在首要位置，始终用纪律规矩来约束规范言行，心存敬畏、手握戒尺，不断校准思想之标、调整行为之舵、绷紧作风之弦，做到警钟长鸣、利剑高悬，不越雷池、不踩"红线"、追求"高线"。

政治不能虚化，原则不能软化。习近平总书记强调，开展严肃认真的党内政治生活，理所当然要把坚持原则、增强原则性摆在突出位置。正气充盈，则邪不胜正；正气羸弱，则百"病"俱生。在原则问题上退一寸，党内政治生活就松一尺，党员队伍就散一丈。坚强的党性不会自发产生，也不会随着年龄、职务的变化而自然增强，需要在激烈的思想交锋和长期实践中锤炼养成。职务再高也要主动接受党内政治生活原则的约束，不存在凌驾于党组织之上的特殊党员。领导干部要自觉带头践行新形势下党内政治生活若干准则，不论问题大小、对上对下、对人对己都要恪守原则，带头做到对党忠诚老实，带头保持健康的党内同志关系，带头贯彻民主集中制，在营造良好政治生态上作表率。

4　在思想上认同核心，在政治上围绕核心，在组织上服从核心，在行动上维护核心

船重千钧，掌舵一人。邓小平同志强调，任何一个领导集体都要有一个核心，没有核心的领导是靠不住的。权威的形成，是革命实践的迫切需要；核心的确立，是在伟大斗争中自然而然形成的。越是在民族复兴的关键历史时期，越是在现代化建设的重要时间节点，越离不开坚强有力的领导核心，离不开"主心骨"和"定盘星"。领导干部维护核心，最内在的是思想上坚定追随，最紧要的是政治上绝对忠诚，最基础的是组织上自觉服从，最直接的体现是行动上紧紧跟上。

千军万马，靠统帅指挥；攻坚克难，听领袖号令。党的十八届六中全会通过的《关于新形势下党内政治生活的若干准则》提出："坚持党的领导，首先是坚持党中央的集中统一领导。一个国家、一个政党，领导核心至关重要。"核心就是中心，是事物最主要且赖以生存和发展的那一部分。毛泽东同志讲："一个桃子剖开来有几个核心吗？只有一个核心。"核心就是圆心，一旦圆心确定，无论半径如何变化，总能画出同心圆来。政党的核心就是旗帜与灵魂，有核心，才能搁置争议、协调利益、化解矛盾、整合共识、凝

心聚力、形成合力，保持党的团结统一。当前，党面临的"四大考验""四种危险"是长期的、复杂的，影响党的先进性、弱化党的纯洁性的因素也是复杂的。领导干部必须深刻认识到，我们党作为一个有着9500多万名党员的大党，作为一个领导着14亿多人民进行社会主义现代化建设的执政党，要始终保持强大的战斗力、号召力和凝聚力，把全党凝聚起来，把全国人民紧密团结起来，就必须拥有一个坚强的领导核心。如果没有核心的集中统一领导，党就会群龙无首、纪律涣散、组织松弛，沦为毫无战斗力的"一盘散沙"、各行其是的"私人俱乐部"。

锤炼绝对忠诚的政治品格，坚决做到"两个维护"。 习近平总书记的核心地位，是历史的选择、人民的选择、实践的选择。这个核心，是高举旗帜、励精图治的核心，是开拓进取、担当实干的核心，是一心为民、竭力为党的核心，是全党拥护、人民爱戴、当之无愧的核心。身为党的干部，必须坚决做到"两个维护"，"两个维护"是保证全党团结统一、步调一致，夺取新时代伟大胜利的根本保证。领导干部要在思想上认同核心，坚持不懈用习近平新时代中国特色社会主义思想武装头脑、指导实践、推动工作，筑牢信仰之基、补足精神之"钙"、把稳思想之"舵"；要在政治上围绕核心，坚持对标对表、同向同行，任何时候任何情况下都在政治立场、政治方向、政治原则、政治道路上同以习近平同志为核心的党中央保持高度一致；要在组织上服从核心，自觉强化组织观念，严守组织纪律，做到"四个服从"；要在行动上维护核心，把坚决维护习近平总书记党中央的核心、全党的核心地位，坚决维护党中央权威和集中统一领导作为最高政治原则和根本政治规矩，融入灵魂、刻印于心、见诸行动。

5　领导干部必须强化"看齐"意识

习近平总书记指出："只有全党思想和意志统一了，才能统一全国各族人民思想和意志，才能形成推进改革的强大合力。"齐则有序，齐则有力，齐则有效，正所谓"人心齐，泰山移"。面对严峻的执政考验和艰巨繁重的建设任务，领导干部必须强化"看齐"意识，做到思想上明辨方向、政治上站稳立场、行动上令行禁止、内心上主动纠偏。

党中央是看齐的唯一标杆。毛泽东同志曾讲："看齐是原则，有偏差是实际生活，有了偏差，就喊看齐。"我们党是高度集中统一的马克思主义政党，思想上的统一、政治上的团结、行动上的一致是党的事业不断发展壮大的根本所在。试想，如果"各吹各的号、各唱各的调""看不齐""不看齐"，那么全党的集中统一就难以保证，党的战斗力、凝聚力就会大大削弱。作为领导干部，看齐的标准就是党中央，而且这个标准必须是唯一的。看齐的态度必须是严肃的、庄重的、绝对的，绝不能搞"自下而上层层看齐"、恭维逢迎的"假看齐"、有口无心的"虚看齐"。一定要坚定地以党中央为标杆，以党的理论和路线方针政策为标杆，以党中央决策部署为标杆，全面贯彻党的基本理论、基本路线、基本方略，不折不扣贯彻落实党中央决策部署，始终与党中央心往一处想、智往一处谋、劲往一处使，撸起袖子加油干。

经常看齐才能保持整齐。习近平总书记强调："同党中央保持高度一致必须是全面的，在思想上政治上行动上全方位向党中央看齐，做到表里如一、知行合一。"领导干部要经常、主动向党中央看齐，要以思想上的清醒增强看齐自觉，高擎党的理论旗帜，深入学习贯彻习近平新时代中国特色社会主义思想，不断补精神之"钙"、固思想之元、培为政之本，真正做到虔诚而执着、至信而深厚；要以政治上的坚定养成看齐习惯，把看齐落到自觉增强"四个意识"、坚定"四个自信"、做到"两个维护"上；要以行动上的担当检验看齐成效，紧紧围绕中心、服务大局，在把握新发展阶段、贯彻新发展理念、构建新发展格局中勇于担当、积极作为，确保中央决策部署落到实处；要以内心上的自觉保持看齐常态，经常主动对标对表，认真检视和检查自己的言行对不对、党性强不强、工作实不实、要求严不严，经常反省、及时纠偏。

6 领导干部必须增强政治定力

习近平总书记指出，明大德，就是要铸牢理想信念、锤炼坚强党性，在大是大非面前旗帜鲜明，在风浪考验面前无所畏惧，在各种诱惑面前立场坚定，这是领导干部首先要修好的"大德"。小智可以成一时之功，大德才能成长远之业。养大德方能立大志、成大业。领导干部修好大德，就要练就政治慧眼，砥砺政治勇气，保持政治定力，做到花繁柳密处拨得开，风狂雨急时立得定，糖衣炮弹前不动心。

一言一行有党性，大是大非辨忠诚。 大是大非涉及一个国家和政党的基本理论、基本路线、基本方略等根本性与方向性问题，是党和国家制定一切政策和做出实践行动的根本考量，是关系党的命运和前途的重大问题。"两刃相割，利钝乃知；二论相订，是非乃见。"明辨大是大非是干部的基本素质，是一个合格党员的起码要求，是体现党员先进性的最低标准。习近平总书记强调："要坚决防止和克服嗅不出敌情、分不清是非、辨不明方向的政治麻痹症。"领导干部要练就一双明辨是非的"政治慧眼"，不畏浮云遮望眼，把支持什么、反对什么理直气壮地说出来、光明正大地做出来，不能当"好好先生""开明绅士"，不能含糊其词、语焉不详、不明所以，要切实担负起党和人民赋予的政治责任。

千难万险何所惧，大战大考炼真金。 临危不乱、临危不惧是共产党人的优良传统，也是敢于担当、敢为人先的具体表现。面对大风大浪，刘胡兰用青春芳华诠释了"生的伟大，死的光荣"；杨靖宇以铁血军魂和一腔赤胆书写了"战斗一生，辉煌一生"；赵一曼用烈焰品质铭刻了"蜀中巾帼，誓志为人"。这些忠魂志士用"断头流血以从之"的品质摹画出了"烈火焚烧若等闲"的炽热灵魂，用不屈不挠展现着共产党人的刚毅风骨。当前，我们党正带领人民进行具有许多新的历史特点的伟大斗争。面对波谲云诡的国际形势和艰巨繁重的改革发展稳定任务，能否做到冲锋在前，直接考验着党员干部的政治勇气和政治能力。在进行伟大斗争、建设伟大工程、推进伟大事业、实现伟大梦想的实践中，领导干部要做起而行之的行动者、当攻坚克难的奋斗者，坚持守土有责、守土负责、守土尽责，做到危急关头敢挺身而出，困难面前敢较真碰硬。

临考验自从容，遇诱惑有定力。 领导干部身在高位、手握大权、肩负重任，或主政一方，或治理一域，或分管一行，各种诱惑、算计都冲着你来，各种讨好、捧杀都对着你去，往往会成为"围猎"的对象。中医上讲："正气存内，邪不可干；邪之所凑，其气必虚。"如果没有坚定的政治定力，不仅干不好党和人民的事业，甚至还会因抵制不住个人的欲望和外界的诱惑，走上犯罪的道路。政治定力是领导干部政治成熟的一种标志，领导干部有了政治定力，才能不为外界所惑，在任何情况下都做到政治理想不变、政治立场不移、政治方向不偏、政治原则不弃；政治定力是领导干部抵御腐败的一剂良药，领导干部有了政治定力，才能始终慎独慎初慎微，做到眼不乱看、耳不乱听、脚不乱走、嘴不乱吃，避免"金钱、权力、美色"的诱惑；政治定力是领导干部干事创业的一道利器，领导干部有了政治定力，才能抵制那些不符合既定目标的愿望、动机、行为和情绪，排除一切内在的和外在的干扰，集中精力抓好各项决策落实。

7　对错误言论，要"大声说不"；对歪风邪气，要"当头棒喝"；对敌对行为，要"敢于亮剑"

"斗则得，服则失。"斗争是破和立的纽带，有矛盾就会有斗争。毛泽东同志说过："什么叫工作，工作就是斗争。"领导干部不论在哪个岗位、担任什么职务，遇到的斗争必然是多方面的。没有斗争，就无法防范风险，就难以赢得主动，也不可能开创美好前景。领导干部只有积极投身到各种斗争中去，才能有效应对重大挑战、抵御重大风险、克服重大阻力、解决重大矛盾。

正面的声音越强大，负面的声音就会越弱小。马丁·路德·金有句名言："社会转型期，最大的悲剧不是坏人的嚣张，而是好人的过度沉默。"在大是大非面前，领导干部掌握各种资源，最了解情况，也最有发言权。看一个领导干部是否成熟、能否担当重任，一个重要方面就看他重不重视、善不善于站在党和人民的立场上掌握"话语权"。如果任凭舆论鼎沸甚至谣言扩散、矛盾激化却藏头缩尾、装聋作哑，不仅损害党和政府公信力，更贻误解决问题的时机。古人云："千夫诺诺，不如一士谔谔。"对那些恶意攻击、造谣生事的错误言论，领导干部要敢于担当、冲锋在前，带头和不良言论作斗争，以鲜明的态度主动"发声"，帮助群众划清是非界限、澄清模糊认识。

不得罪歪风邪气，就会危害清风正气。歪风不刹，清风难兴；邪气不除，正气难彰。纵观党的历史，党内政治生活充满正气、充满活力，少不了共产党人敢于担当的一身正气。无论是遵义会议、延安整风运动，还是"关于真理标准问题的大讨论"，之所以影响深远，一个重要原因就是党内不搞"一团和气"，敢于进行思想交锋，敢于坚持真理、修正错误。反观当下，一些领导干部信奉的不是在斗争中成长、在斗争中发展、在斗争中壮大，而是担心在斗争中失去，失去人缘、失去信任、失去晋升空间，因而得了恐惧症，不敢斗争，得了"软骨病"，不愿斗争，得了"无能症"，不会斗争，在矛盾冲突面前绕道而行，在危机困难面前能躲就躲，在歪风邪气面前忍气吞声。领导干部要做敢于斗争、善于斗争的战士，敢于直言不讳、较真碰硬，不给歪风邪气滋生和蔓延的机会，让坚持真理、明辨是非、敢于担当的优良作风成为常态。

敢同恶鬼争高下，不向霸王让寸分。当今世界，霸权主义和强权政治依然存在。我们要复兴，国内外反动势力就企图把我国拉回积贫积弱的黑暗时代；我们要建设社会主义，国内外反动势力就企图复辟资本主义；我们要自主创新，国内外反动势力就企图扼杀我们的研发能力；我们要弘扬社会主义先进文化，国内外反动势力就企图用腐朽文化侵蚀我们。古人云："道高一尺，魔高一丈。""道"与"魔"的斗争就是矛盾的必然斗争。习近平总书记向世界庄严宣告"中国人民不信邪也不怕邪，不惹事也不怕事"。共产党的哲学就是斗争哲学，任何事物都是一分为二的，对立面的统一和斗争是马克思主义的哲学思想。好战必亡，忘战必危。中国共产党人不怕风险，怕就怕承平日久，缺乏斗争意志。领导干部不论在哪个岗位、担任什么职务，都要修好敢于斗争这门"必修课"，发扬顽强的斗争精神，保持坚韧的斗争意志，培养高超的斗争本领，勇立潮头、奋勇搏击，以激越壮阔的斗争情怀昂首阔步新时代。

8 不做思想上的"糊涂虫"，不做政治上的"墙头草"，不做行动上的"两面人"

俗话说，人无刚骨，安身不牢。政治气节体现在对党忠诚。气节纯则党性纯，党性正则骨气硬，正因为心中信仰笃定、初心如磐，一个人才能站得直、立得正，遇事压不弯、打不败。政治气节犹如壁立千仞，耸立起共产党人的声誉和威望。领导干部只有砥砺政治气节，磨炼政治风骨，不当"糊涂虫""墙头草""两面人"，才能在纷繁复杂的情况下，始终像松一样铁骨铮铮、遒劲有力，像竹一样坚韧不拔、刚正不阿，像梅一样经霜傲雪、知难而进，像菊一样高风亮节、惟吾德馨。

有一个清醒的头脑比有一个聪明的头脑更重要。习近平总书记告诫党员干部，不可做背离新时代好干部标准的四类"官"，其中摆在第一位的就是"不做政治麻木、办事糊涂的昏官"。土能浊河，而不能浊海；风能拔木，而不能拔山。政治麻木、思想糊涂，根源在于思想"缺钙"、信念缺失。违纪违法干部政治的蜕变、信念的迷失、行动的越轨，都能从思想和信念上找到病根。当思想上的"糊涂虫"，必然会成为理想上的"空心人"、政治上的"假面人"、行动上的"稻草人"，久而久之，就会沦为连自己都不认识的堕落之人。作为领导干部，必须时刻保持清醒的政治头脑，守护好精神

"领地"，决不能成为不辨是非的"糊涂人"。

莫学杨柳随风摆，要学劲松立山巅。习近平总书记指出，一个政党，如一个人一样，最宝贵的是历尽沧桑，还怀有一颗赤子之心。岁月流淌、时代变迁，党的队伍不断壮大，却有不少人中途出列、半路掉队。手中无权时，勤勤恳恳、任劳任怨；条件艰苦时，吃苦耐劳、清廉自持。然而，当权力越来越大、条件越来越好、诱惑越来越多，却没能经受住考验，立场改变、信念动摇、走上歧路，甚至坠入深渊。选择信仰道路艰难，坚守信仰高地更难。入党誓词中的"永不叛党"四个字，是数以万计的共产党人用生命换来的，血的教训告诫我们，忠诚不绝对就是绝对不忠诚，讲政治决不能"墙头一棵草，风刮两边倒"。作为领导干部，应自觉提高政治能力，遵守政治纪律，坚定政治信念，做政治上的清醒明白者，做马克思主义的坚定信仰者，做党和国家的忠实实践者，不做政治上摇摆不定的"墙头草"。

表里如一者可靠，粉饰伪装者可耻。大奸似忠、大伪似真的"两面人"现象，说到底是一种政治投机主义。影视舞台上演员的演技以真实为资本，而政治舞台上"两面"官员的演技却以虚伪为本质。有的嘴上"仁义道德"，肚中"男盗女娼"；有的台上"正人君子"，台下"藏污纳垢"。领导干部是一面镜子，如果自己不信马列信鬼神、信"大师"，怎么给干部群众讲远大理想、崇高信仰？如果台上说一套、台下做一套，当阳奉阴违的"两面人"，如何让党员群众信赖党、信任组织？如果以权谋私、贪污受贿，成了腐败风气的俘虏，如何抓风气正作风？党章规定：反对阳奉阴违的两面派行为和一切阴谋诡计。表里如一、言行一致，是我们党对党员、干部的一贯要求。领导干部不做"两面人"，就要不断加强党性修养，牢固树立正确的世界观、权力观、事业观，任何时候、任何情况下，都襟怀坦白、言行一致。

9　要把讲政治与抓具体统一起来

如果只谈政治路线，不谈具体工作，就会成为"空头政治家"；如果只谈实际工作，不谈政治路线，就会成为迷失方向的"事务主义者"。

毛泽东同志指出："一方面要反对空头政治家，另一方面要反对迷失方向的实际家。政治和经济的统一，政治和技术的统一，这是毫无疑义的，年年如此，永远如此。"领导工作是政治性极强的实践工作，也是实践性极强的政治工作。离开具体讲政治，就会流于空泛，失之虚浮，无法发挥政治建设的引领作用。离开政治讲具体，犹如蒙着眼走路，不但极易偏离正确方向，更会跌跟头。新时代领导干部，必须克服"只谈政治路线不谈具体工作"的空谈心理，避免"只谈具体工作不谈政治路线"的盲目行动，要把讲政治与抓具体统一起来。

讲政治是"根"，抓事务是"叶"。党组织之中，既没有脱离政治的人，也没有脱离政治的事。一切事务工作只有在讲政治的前提下开展，并且贯穿始终，才能化解矛盾、攻坚克难，迎接新机遇，走向新胜利。现实中，一些党员领导干部只记得自己是厅长、局长、董事长，却忘记了自己的党内职务，叫他一声"书记"还打愣；一些单位的党员大会变成了业务交流会，党章党纪学得少、党言党语不会说，讲起业务工作、谈到工程项目，却头头是道、眉飞色舞。业务工作很重要，但如果只重业务而轻政治，就会本末倒置。作为党的领导干部，无论从事哪一项具体工作，都是受党的指派、为党工作，都要在党言党，善于从政治上把大局、看问题，善于从业务上落实政治任务、贯彻政治要求，善于从政治上谋划部署、推动工作。

讲政治不能大而化之，抓工作不能盲人摸象。习近平总书记指出，讲政治不是抽象的，要落实到坚决贯彻党中央决策部署的具体行动上、体现到实际效果上。政治是具体的，不是说每一件事都具有政治性质，而是说，对于任何具体问题的处理，都必须具有政治头脑和全局观念。但凡具有全局性、政治性的大事，都是通过具体事件具体工作来实现的。只有和经济、技术、文化等各方面的工作紧密结合，和人民群众改造世界、建设社会主义现代化的实践密切联系在一起，政治才有实际内容、实际效果，才有力量，才生动活泼。作为领导干部，必须明白讲政治是具体的而不是抽象的，是行动的而不是口头的，是知行合一的而不是言行"两张皮"的，要主动去掉华而不实的"虚"，扫除照本宣科的"浮"，在吃透党中央精神、同党中央保持高度一致的前提下，结合具体实际创造性地开展工作，让党中央决策部署落到实处、产生实效。

10 正确认识大局，自觉服从大局，坚决维护大局

习近平总书记指出，必须牢固树立高度自觉的大局意识，自觉从大局看问题，把工作放到大局中去思考、定位、摆布，做到正确认识大局、自觉服从大局、坚决维护大局。"不谋全局者，不足谋一域。"领导干部无论从事什么工作，无论职权范围大小，都是党、国家这个大局的组成部分，必须以国家政治安全为大、以人民为重、以坚持和发展中国特色社会主义为本。只有胸中有全局，行动顾大局，认清自己的方位，明确工作的方向，才能把党的路线、方针、政策和上级指示要求落到实处。

皮之不存，毛将焉附；没有大局，何来小局。 得其大者可以兼其小。大局意识是我们党的优良传统和政治优势。一部中共党史，其实也是一部讲大局、顾大局的中共团结史。在革命、建设和改革各个历史时期，我们党始终着眼大局、把握大局，广大共产党人始终自觉服从、服务大局，保证了党的团结统一，确保了党和人民事业顺利发展。习近平总书记强调，领导干部必须牢固树立高度自觉的大局意识。大局意识强调的是从整体、全局出发对事态进行综合考量和谋划。大局里有政治，大局里有党性，大局里有组织原则和组织纪律。认识大局、服从大局、维护大局是当干部题中应有之义。领导干部只有树牢大局意识，才能提高工作的整体性、全面性、系统性。

坚持"一盘棋"、打破"小格局"，围绕大局转、盯着大局干。 在全局下思考，在大局下行动，是我们党重要的思想方法和工作方

法。一个整天以个人为圆心，以利益为半径的人，是无法看见远处风景的。作为领导干部，必须正确认识大局，"向前展望、超前思维、提前谋局"，时刻着眼新形势新任务，主动从宏观层面、战略层面思考问题，在把握新发展阶段、适应新发展理念、构建新发展格局中因势而谋、应势而动、顺势而为，做到着眼于"国之大者"积势、蓄势、布势。必须自觉服从大局，清楚什么是党和国家最重要的利益、什么是最需要坚定维护的政治立场，守得住重大原则、站得稳政治立场、分得清根本利益，自觉站在党和国家的战略全局、政治大局上想问题、做决策、办事情；必须坚决维护大局，敢于舍弃"小我"、勇于追求"大我"，把"小我"归入"大我"、"小局"归入"大局"、"小利"归入"大利"，跳出一时一事、一地一己，提升两三个层次看问题，决不搞地方和部门保护主义、本位主义，决不为谋局部而误全局、得小利而乱大局。

11 善于从全局去把握、整体上去考量、效果上去判断

看全局、谋整体就是要从各个不同的侧面和角度去观察、分析问题，去研究和把握事物运行之"形"、发展之"势"，还要以效果为导向，唯有如此，事物发展、事业进展才能取得最佳的结果。能不能抓好事关全局的大事，能不能从整体上通盘谋划，能不能干成事干好事，是衡量领导干部是否称职的一个重要标准。

行棋观大势，落子谋全局。毛泽东同志曾说："没有全局在胸，

是不会真的投下一着好棋子的。"不会看全局的人，难以知未来，也难以保局部，只会"盲人摸象"，凭感觉走路。现在有的领导干部总觉得全局是"知乎上"的东西，得由高层或者大人物来思考，自己人微言轻，用不上操那份心；有的习惯于本位主义，盯着自家"菜园地"，为了个人或小团体的利益置全局于不管、不问和不顾，甚至干出"挖墙脚"的事情来；如此等等。这些都不能称为合格的领导干部，这些问题都是干事创业的"拦路虎"。领导干部要胸怀"两个大局"，站在远处、高处把握全局，想问题、做决策、干事情不但要有角度，还要有政治高度、思想高度，用全国乃至世界的眼光审视本地本部门，研究、谋划本地本部门工作，拓宽视野、开阔胸襟、看得更远。

善打"整体战"，打好"组合拳"。世界是相互联系的整体。无论干什么事都要立足整体，整体把握，全方位考虑，不能只在乎一事之成败。钱学森常说："要从整体上考虑并解决问题。"他总是习惯于把相互关联的事物作为一个完整的、有机的体系，进行系统分析。只有善于从全局视角谋划问题、善于用长远眼光思考问题、善于从整体思路上把握问题，才能"不畏浮云遮望眼"。如果胸无全局、思维局限，算局部账，往往在行动上会出现"打一枪换一个地方""东一榔头西一棒子""就事论事"等情况，结果往往会犯战略性、方向性错误，往往出力不讨好、事倍功半。习近平总书记强调，要"着力增强发展的整体性协调性"。领导干部思考和处理问题的时候，必须从整体出发，要有全局视野，注重整体过程、整体效益与整体结果。

事情都有结果，善为方有效果。习近平总书记强调，做工作要注意"时度效"，最终要看效果。一项工作干没干，是事实判断，固然得看；但干得怎么样，则是效果判断，更要重点去看。然而，现实工作中，有的干部干事没有结果，叫干就干，干完就算，将"过程"当成了"结果"、把"痕迹"看成了"效果"；有的干部干事是"有果无效"，把"做了"当"做成了"，把"干了"当"干好了"，工作看起来有结果，实则无效果；有的干部干事缺乏苦干实干精神，标准"上不去"，工作"打折扣"，把好事干不好，虽然干出点结果，但却达不到群众满意的效果；等等。这些做法，耽误的是事业，透支的是民心。做任何工作抓而无效等于白抓。领导干部要树立结果和效果导向，善于从结果和效果的角度去检验和衡量工作的完成情况，想问题、做决策、办事情注重政治效益、经济效益、社会效益、生态效益，既干出一番实绩，又让实绩真正发挥效益。

12 政治上过不过得硬，就要看关键时刻靠不靠得住

习近平总书记指出："能否敢于负责、勇于担当，最能看出一个干部的党性和作风。"干部的一言一行、一举一动，会潜移默化地影响整个单位的氛围，形成一种风气，影响着干事创业的氛围。领导干部必须政治过硬，在关键时刻靠得住、靠的上，还必须在急难险重时刻冲在前、豁得出，才能真正成为党员群众的守护人、带头人。

政治不过硬，肯定不可信。身为党员，如果只想要"共产党员"这个身份，而不想也不去做"共产主义者"，不信仰马克思主义，不愿意为共产主义奋斗终生，这样的党员根本不可能政治合格。身为党员，如果不守纪律不讲规矩，把组织当成来去自由的"大车店"、各取所需的"大卖场"、自行其是的"私人俱乐部"，甚至拉帮结派、团团伙伙，搞"独立王国"，这样的党员何谈讲政治。身为党员，不能用党的创新理论武装头脑，对党的路线方针政策合意的执行，不合意的就不理睬，甚至还以"闯红灯""打擂台""夹私货"为荣，这样的党员离政治过硬差距不止十万八千里。"土能浊河，而不能浊海；风能拔木，而不能拔山。"领导干部要自觉地把党的行动指南作为自己的行动指南，把党的最高理想作为自己的最高理想，坚持正确的政治方向，坚定马克思主义信仰和共产主义信念，做政治上的明白人。

带头立好"范子"，忠诚方有"样子"。邓小平同志曾讲过："连长指导员不以身作则，就带不出好兵来；领导干部不做出好样子，就带不出部队的好风气，就出不了战斗力。"挂帅出征、表态表率，都要求领导干部身体力行、率先垂范、引领风尚，既要发挥"领"的作用，当好方向盘，又要发挥"导"的作用，催生驱动力，不"领"就是缺位，不"导"就是失职。凡事只要领导带头、干部当先，苦干实干，往往就可以激活广大党员干部干事创业的"活力因子"，在潜移默化中形成一种上下同心、合力攻坚的良好氛围。只想升堂坐帐，不愿挂帅出征，只想出彩不想出力，这样的干部没有人愿意一同共事。领导干部是党员、干部和群众的"主心骨""领头雁"，必须做到干字当头、实字打底，用"身影"指挥，而不能用"声音"指挥，少说"给我上"，多喊"跟我上"，危急关头敢挺身、困难面前敢碰硬、阻力面前敢担当，带领干部群众心往一处想、劲往一处使、拧成一股绳，真正把责任扛起来、把威望立起来。

13 坚持"革命理想高于天"的崇高信仰、"一寸丹心向日明"的高尚情操、"万家忧乐到心头"的民本情怀、"只留清气满乾坤"的从政追求

毛泽东同志指出："中国共产党是在一个几万万人的大民族中领导伟大革命斗争的党，没有多数才德兼备的领导干部，是不能完成其历史任务的。"中国的革命是伟大的，但革命以后的路程更长，工作更伟大、更艰苦。只有对党的干部提出更高标准更严要求，使党的干部真正做到坚定信仰信念、敢于担当尽责、坚持人民至上、永葆清正廉洁，才能确保党的组织坚强有力，确保党的领导集中统一，才能保证"两个一百年"奋斗目标的顺利实现。

可以什么都没有，但不能没有信仰。法国哲学家萨特说："世界上有两样东西是亘古不变的，一是在每个人头顶上的日月星辰，一是深藏在每个人心底的高贵信仰。"信仰、信念、信心，在任何时候都至关重要。小到一个人、一个集体，大到一个政党、一个民族、一个国家，只要有崇高的信仰，就会愈挫愈奋、愈战愈勇，否则就会不战自败、不打自垮。人们常说，共产党人是用特殊材料制

成的。什么叫特殊材料？就是一种与众不同的精神力量，就是对马克思主义的信仰、对社会主义和共产主义的信念，就是对初心和使命的执着坚守。领导干部要对马克思主义的信仰坚定如磐，坚持以习近平新时代中国特色社会主义思想武装头脑、指导实践、推动工作，在新时代创造更辉煌的业绩。

忠诚是崇高的精神，忠诚是最好的美德。天下至德，莫大于忠。美国著名作家艾瑞克·费尔滕在《忠诚》一书中说："没有忠诚，就没有爱；没有忠诚，就没有友谊；没有忠诚，也就没有对社会、国家的奉献精神。而没有这些，人类社会也就不复存在。"忠诚，是人类共同推崇的基本道德品质。习近平总书记强调："领导干部要忠诚干净担当，忠诚始终是第一位的。"认同党的性质宗旨、拥护党的纲领、遵守党的章程、学习党的理论、落实党的路线方针政策，是起码、是前提。领导干部必须时刻把对党忠诚摆在首位，为党和人民事业，逢山敢于开路，逆水继续行舟，把自己担任的职务看作是党和人民赋予的重托和责任，随时准备为党和人民的事业牺牲一切。

一枝一叶总关情，为民情怀最动人。中国共产党是中国各族人民利益的忠实代表，党除了工人阶级和最广大人民群众的利益，没有自己特殊的利益。这就决定了党的各级领导干部心里只能装着老百姓，只能装着人民的利益，视百姓之疾苦为自己之疾苦，为人民的利益不惜献出自己毕生的精力乃至生命。立党为公树公心修浩然正气，执政为民听民声养鱼水情怀。领导干部想问题、做决策、办事情要以人民的利益为重，坚持以群众的情绪为第一信号，以群众的愿望为第一需求，以群众的意愿为工作取舍的第一因素，时刻关注民情、民意、民乐、民忧，实现好、维护好、发展好最广大人民的根本利益。

浩然之气乃干部之魂，廉洁勤政为公仆之本。"廉者，政之本也。"清正廉洁，是融入中国共产党人血脉的不变本色，也是中国共产党人代代传承的红色基因。领导干部走上各自的岗位，大多是想干一番事业、实现自身价值。但如果在廉洁问题上翻了船，最终只会一失万无，谈何"为官一任，造福一方"？当官发财是两条道，当官就不要想发财，想发财就不要当官。领导干部必须把永葆清正廉洁作为永恒追求，懂得"知足"，学会"知止"，以淡泊之心对待权力、金钱、名利，不该碰的不碰、不该取的不取，确保行得正、走得稳。

第二篇

铸忠诚之魂

14 党的利益高于一切，这是党员干部的思想和行动的最高原则

毛泽东同志指出："共产党员无论何时何地都不应以个人利益放在第一位，而应以个人利益服从于民族的和人民群众的利益。"能不能让个人的利益绝对地无条件地服从党的利益，是考验一个共产党员是否忠于党、忠于革命和共产主义事业的标准，更是一名党员干部工作生活中所应该坚持的最高行为准则。

为党的利益牺牲一切是党员的神圣誓言。为了党的利益，长期担任党内高级领导干部职务的老党员陈为人和妻子一道，在"白色恐怖"下的上海，呕心沥血，苦守清贫，用生命守护了党的"一号机密"；为了党的利益，为拉起革命武装不惜卖光自家土地的抗日县长魏春波，死兄、死弟、死妻、死侄仍百折不回，直至自己血洒燕山山麓；为了党的利益，不满19岁的普通战士董存瑞，在冲锋号声中，面向按预定时间发起总攻的战友，高高托起炸药包，以身体为支架，拉开了导火索……他们，入党时期不同，党内地位不同，

面对的艰苦危难不同，但他们却用同样无私无畏的选择和行动，印证了同样的誓言——党的利益高于一切。在战争年代，当党的利益受到一丁点儿的威胁，他们就将个人安危富贵置之度外，在亲情与大义的天平上进行义无反顾的取舍，在血与火的淬炼中坚守精神高地，直至献出生命。在和平年代，党员干部必须发扬红色传统、传承红色基因，赓续共产党人精神血脉，将自己的利益、愿望与党的利益和愿望融会在一起，让个人的利益服从于党的利益，把党的利益放得高于一切。

在党言党、在党爱党、在党忧党、在党兴党、在党护党。习近平总书记强调，"党员是党的肌体的细胞"，"党的执政使命要靠千千万万党员卓有成效的工作来完成"。坚持党的利益高于一切是具体的、实践的。领导干部要坚决做在党言党的表率，始终旗帜鲜明讲政治，在思想和行动上讲党的政治立场、政治方向、政治理想、政治观点、政治路线、政治道路、政治原则、政治纪律等；要坚决做在党爱党的表率，感恩党、热爱党，坚持个人利益服从党和人民的利益，坚决执行组织决定，坚决服从组织安排，坚决完成好党交给的每一项任务，绝不和组织谈条件、讲价钱，真正做到工作上服从组织；要坚决做在党忧党的表率，树牢底线思维，增强忧患意识，以党的忧患为忧患、以为党分忧为己任；要坚决做在党兴党的表率，把个人的命运同党和人民的事业紧密联系在一起，以初心砥砺前行的精神、以使命鼓舞奋发的斗志，为党和人民的事业勇于担当负责、积极主动作为，甘于奉献、不怕牺牲；要坚决做在党护党的表率，发扬斗争精神、增强斗争本领，敢于坚持原则，敢于发声亮剑，敢于较真碰硬，同一切可能动摇党的根基、阻碍党的事业的因素作坚决斗争，同一切消极腐败现象作坚决斗争。

15 忠诚，是内心的信仰，是精神的高地，是力量的源泉

习近平总书记强调："共产党人坚持的初心，就是对共产主义理想的坚定信仰，就是对党和人民事业的永远忠诚。"忠诚，常被用来规范君与臣、王与民、主与仆的关系，要求后者对前者忠贞不贰、俯首帖耳、言听计从。在千百年的文化演进中，忠诚已经演变成一种代表、象征内心信仰、精神面貌、行为动力的文化符号。对共产党人而言，忠诚是政治品格的本质和核心，是共产党人生命中不可缺少的重要元素。忠诚一旦入脑入心、铸进灵魂、融于血液，就会让人超越现实功利去追求心中所向，超越有限生命去追求无限伟业。

对党忠诚是共产党人鲜明的品格。忠诚，是共产党人政治品格的本质和核心，是共产党人生命中不可缺少的重要元素。忠诚是一面镜子，照出的是信仰信念；忠诚是一面旗帜，折射的是精神面貌；忠诚是一种方向，鞭策的是前进的步伐。作为共产党人，无数革命先辈用生命和鲜血告诉我们，忠诚是"只要红军胜利，区区一个朱德又何惜"的崇高信仰，是抗美援朝志愿军"雄赳赳气昂昂，跨过鸭绿江"的浩然正气，是一代又一代的共产党人"逢山开路、遇水架桥，杀出一条血路来"的力量源泉……忠诚，不仅仅是每位共产党人在党旗面前的庄严承诺，更代表着信仰、精神和力量，是

对党、国家、人民绝对忠诚、绝对纯洁、绝对可靠的政治本色和政治品质。如果缺少了信仰，没有精神、丧失动力，忠诚就成了无源之水、无本之木，即使有忠诚，也不能持续而坚定。领导干部在任何时候任何情况下都要初心不改、矢志不渝。

信仰值应满格，精气神应充盈，行动力应满仓。忠诚之根在信仰，忠诚之魂在精神，忠诚之源在行动。领导干部必须忠诚于党的信仰，加强理论学习和实践磨炼，不断自我净化、自我完善、自我革新、自我提高，坚定马克思主义信仰，做到对党绝对忠诚、对人民绝对忠诚、对组织绝对忠诚、对事业绝对忠诚；必须挺起精神的脊梁，自觉接受党内政治生活锻炼，增强党内政治生活的政治性、时代性、原则性、战斗性，严明政治纪律和政治规矩，认真对照党章党规党纪，检视反思、纠正错误，锻造过硬政治素质，塑造优秀政治品格；必须把忠诚付诸行动，在解决复杂问题中历练本领，在攻坚克难中提升能力，主动到一线"墩苗淬炼"，拜人民为师，在大风大浪的考验中，在急事难事的磨炼中，把握方向、站稳立场、迎难而上、克敌制胜。

16 忠诚意味着克服千辛万苦的考验，永不屈服；跨越名缰利锁的羁绊，永不变节；笃定无怨无悔的志向，永不回头

孙中山先生说："我们做一件事，总要始终不渝，做到成功，

如果做不成功，就是把性命去牺牲亦所不惜，这便是忠。"忠诚不仅是行为上的服从和尽责，更是精神情感上对上级和组织的一种尊重、崇敬乃至信念。应该说，这种尊崇的道德情感是忠诚的灵魂，是作为忠诚表现的服从和尽责行为的内在动力和内在依据。中国共产党人的忠诚，是内心服从基础上的高度自律。领导干部必须在任何时候、任何情况下都坚守忠诚，始终如一、矢志不渝、坚定不移。

忠诚之心不容三心二意，忠诚之行不能骑墙摇摆。江姐在监狱里给同志们的口述回信中写道："毒刑拷打是太小的考验！竹签子是竹做的，共产党员的意志是钢铁。"当年的共产党人无惧千难万险的考验，不屑功名利禄的诱惑，无悔漫漫长路的征程，选择了一条凶险万分、无利可图、奋斗终生的人生道路。是什么样的精神力量支撑着他们为党和人民的事业不计名利，甚至抛头颅洒热血而无怨无悔、永不背叛？正是忠诚，铸造了他们比钢铁还要坚硬的铁骨；正是忠诚，他们用最后一滴鲜血擦亮了共和国黎明前的天空。忠诚，是对肉体的支撑；忠诚，是对精神的洗礼。和平年代也许不需要面对残酷的生死抉择，但灵魂却时刻面对党和人民事业与个人利益之间的考问。领导干部一旦心中笃定了忠诚，风浪算什么？苦难算什么？名利算什么？生死都可以置之度外。

胸怀赤胆忠诚，就能入火海而不退缩、出淤泥而不沾染、临诱惑而不动摇。习近平总书记指出，对掌握刀把子、枪杆子、印把子、笔杆子、钱袋子的同志，要在对党忠诚上有严格要求。忠诚既是庄严的政治责任，又是清醒的理性自觉；既是严格的政治要求，也是高尚的政治道德规范。进入新时代，我们迎来的机遇前所未有，面临的风险挑战也愈加凸显，"四大考验"是长期的、复杂的，"四种危险"是尖锐的、严峻的。领导干部对党忠诚、与党同心，站稳立场、保持定力，比以往任何时候都更加重要。必须以恒心守忠诚，在党的事业遭遇挫折时，永不变心、永不怀疑、永不叛党，在党内出现问题时，能以负责人的态度提出意见建议，决不能把圆滑的处世观点和庸俗的处世原则带到工作中来。必须以恒力践忠诚，不管面临什么艰难险阻，不管遇到什么大风大浪，都要有铁的信念、铁的担当，勇往直前、攻坚克难，以永不懈怠的精神状态和一往无前的奋斗姿态当好民族复兴伟大事业的奋进者、开拓者、奉献者和捍卫者。

17 唯有忠诚，才会无怨无悔地付出，才有舍我其谁的担当，才有战胜困难的力量

忠诚意即赤诚无私、尽心尽力，在组织中体现为个体对组织义务的崇敬与恪守、对组织目标的坚定与追求。忠诚是思想觉悟和精神修养，也是行动，是所有政治组织都极为珍视的一种政治素质。担当体现忠诚，奉献承载忠诚，克难彰显忠诚。作为领导干部，只有无私奉献、担当尽责、迎难而上，才能有所收获、有所进步，才能真正让组织放心、让人民满意。

奉献是忠诚的底色。历代仁人志士无不拥有一种为国为民的奉

献精神、一种舍生取义的忠诚品格。回望党史，为了共产主义信仰，无数仁人志士以信仰为旗、以真理为路，勇往奋进以赴之、断头流血以从之、殚精竭虑以成之。忠诚于党才会忘我，忠诚于国家才会付出，忠诚于人民才会献身，忠诚于事业才会奉献。领导干部要把对组织、对人民的忠诚，转化为奉献社会、服务群众的实际行动，转化为勇创佳绩、拼搏进取的工作劲头，永远保持逢山开路、遇河架桥的精神，永远保持踏石留印、抓铁有痕的劲头，永远保持求真务实、勤恳奋斗的作风，在奉献中生动地体现共产党人的忠诚精神。

担当是忠诚的注解。习近平总书记指出，领导干部不担当，就是对党不忠诚。担当的背后反映的是对党的忠诚、对党的事业的态度。有多大担当才能干多大事业。当前我们正处在爬坡过坎、转型发展的关键时期，尤其需要发扬共产党人强烈的责任意识和强大的承受力，哪里困难大就去哪里，哪里情况复杂就去哪里，全力以赴担起该担当的责任。领导干部要敢于担当、敢于负责，增强使命感责任感，牢记肩上重任和人民重托，把自己担任的职务看作是党和人民赋予的重托和责任，始终把思想集中到干事创业上、把精力凝聚到谋事做事上、把功夫施展到狠抓落实上。

困难是忠诚的"试金石"。中华民族的不断繁荣昌盛与祖国儿女大义凛然、无惧无畏的精神品格是分不开的，"苟利国家生死以，岂因祸福避趋之""人生自古谁无死，留取丹心照汗青"。这种品格已成为中华民族自立、自强的精神支柱。浑身是胆，并非单纯的勇敢；勇敢里面渗透着忠诚，因而才有攻无不克、战无不胜的力量。胸怀忠诚，就能从思想上克服畏难情绪、克服消极思想，保持昂扬向上的精神状态。领导干部要坚守"粉身碎骨浑不怕，要留清白在人间"的忠诚，弘扬"灰撒江河涛澎湃，骨落青山峰崔巍"的意志，遇到困难不退缩、直面问题不推诿，真正做到关键时刻敢站出来，危急关头敢豁出去。

18 坚守忠诚，头脑就会更加清醒，立场就会更加坚定，行动就会更加有力

习近平总书记指出，面对公和私、义和利、是和非、正和邪、苦和乐的矛盾，是选择前者还是后者，靠的就是觉悟，最终检验的是对党和人民的忠诚。坚守绝对忠诚，人的信念信仰就会坚如磐石，政治立场就会坚定不移，人的精神力量就会越强大，革命意志就会越坚强。领导干部只有永葆对党和人民事业的无限忠诚，才能用清醒的头脑、强大的执行力为党和人民事业尽心尽力，从而交出一份让党和人民满意的优异答卷。

忠诚是头脑的"清醒剂"，立场的"稳定器"，力量的"倍增器"。 南昌起义前，贺龙还不是共产党员，但他明确表示："我决心跟共产党走。"蒋介石用500万大洋、一个汉阳兵工厂和武汉卫戍司令的头衔收买他，遭到他的严词拒绝，贺龙毅然率部参加起义，而后光荣加入中国共产党。敌人悬赏10万大洋买他人头，并血洗他的家乡，一次就杀害贺氏宗亲80余人，这些都丝毫没有动摇贺龙跟党走的坚定信念，他对党的赤胆忠心至死不渝。习近平总书记指出，

无论何种艰难困苦的场合，坚决完成党赋予的任务，靠党指挥枪的原则，靠为人民服务的宗旨，更靠由信仰信念结成的唯一的、彻底的、无条件的、不掺任何杂质的、没有任何水分的对党的忠诚。百年征程波澜壮阔，百年初心历久弥坚。对党忠诚是共产党人的灵魂，正是由于有千千万万像贺龙这样的将士坚定跟随党的领导，为了党和人民的事业义无反顾、无怨无悔，我们党才能由小到大，由弱变强，不断从胜利走向新的胜利。

树之茂盛靠根深，干部成长靠忠诚。对党忠诚既是对领导干部最基本的政治要求，也是领导干部最重要的政治素养。衡量一名党员干部是不是对党忠诚，不仅要看他怎么说，还要看他的信仰、立场和行动。领导干部要在信仰上永葆忠诚，高度认同党、国家和人民及其事业，自觉为党、国家和人民及其事业发展而竭尽心力，对党的宏伟事业充满信心；要在立场上始终坚定，矢志不渝、坚定不移地献身于党、国家和人民的事业，不管遇上什么样的雪雨冰霜，在任何情境下都绝不动摇、坚定不移；要在行动上主动积极，积极主动地为党、国家和人民及其事业而勤奋工作，在各项工作面前是"我要做"，而不是"要我做"，言行一致、表里如一、守信践诺，从维护党、国家和人民的事业高度上坚持实事求是，讲真话、做实事。

19　忠诚是实践品格，是贯穿于时时事事的精神底色

习近平总书记指出，"对党忠诚，不是抽象的而是具体的"，"对

党忠诚必须始于足下。如果连本职工作都没做好，不担当不作为，把党组织交给的'责任田'撂荒了甚至弄丢了，那就根本谈不上'两个维护'"。对党员干部来说，忠诚绝不仅是想清楚了一些"好道理"，更是做对了一些"实事情"，不仅是一时一事的忠诚，更是时时事事中的坚守。

忠诚不是纸上的口号，而是心头的信念、脚下的行动。对党忠诚，不仅是政治标准，更是实践标准。对党忠诚体现在每位党员干部听党指挥、为党尽责、干事创业的实际行动中。离开了苦干实干，离开了实际行动，调门再高、口号再响也是没有意义的，也难以掩饰其表里不一的假忠诚。那种昨天还信誓旦旦、愿为犬马、肝脑涂地、誓死效忠，今天就乘人之危、落井下石、背信弃义、反戈一击的人，他昨天的尽心尽力，只不过是面具、是阴谋而已，与忠诚相去远矣。忠诚不讲条件，忠诚不讲回报，忠诚是一种责任，忠诚是一种操守。在落实决策指示上打折扣、做选择、搞变通，看似是执行力的问题，实际上是听不听命令、听不听指挥的问题。当然，我们所说的忠诚，不是那种无原则的附和，也不是那种刻意的讨好，那是一种愚忠，是一种封建社会遗留下来的庸俗思想，是我们必须坚决抵制的。对党忠诚是实践的，忠诚于党必须做到知行合一，归根到底要在事业发展中来检验。领导干部必须修炼好忠诚这种品格，尽好这种义务，提升这种能力，树好自己的品牌。

忠诚没有休止符，觉悟永远在路上。领导干部绝对忠诚，既是立身之本、为政之道，又影响到周围党员同志的精神信仰和政治品质，关系到党和国家事业的成败，所以必须始终保持这一政治品格。忠诚的方式，是拥戴、服从、维护、执行、捍卫、牺牲；忠诚的性质，是发自内心、自觉主动、诚恳实在、始终如一。此时忠诚彼时不忠诚，所表现出来的忠诚是一时的，这是伪忠诚；不管任何时候，一如既往、百折不挠、永不动摇的忠诚并为之付出努力，才是真正的忠诚。领导干部要时刻坚守忠诚，忠诚一辈子而不是一阵子，不管风吹浪打，无论坎坷艰难，任何时候任何情况下都站得稳、靠得住，始终不变，并持之以恒地付出努力；要事事做到忠诚，既包括在思想上、政治上、组织上以及各种情境下的忠诚，也包括政治立场、政治方向、政治原则、政治道路上的忠诚，还包括对党、对国家、对人民、对事业的忠诚。

20　对党忠诚是理论与实践的结合，内在与外在的统一，一生与一世的坚守

习近平总书记指出："对党忠诚，不是抽象的而是具体的，不是有条件的而是无条件的，必须体现到对党的信仰的忠诚上，必须体现到对党组织的忠诚上，必须体现到对党的理论和路线方针政策的忠诚上。"对党忠诚是灵魂，没有对党的绝对忠诚，就会丢了"魂"，工作就会失去了"向"。党员干部要强"魂"固"本"，内化于心，外化于行，一以贯之对党忠诚。

忠诚，就要对马克思主义虔诚而执着、至信而深厚。领导干部的马克思主义理论基础扎实了，才能全面认识和把握各类复杂的矛

盾和问题，敏锐地识别各种错误的观点和思潮，科学地制定各项政策和措施，也才能在各种复杂的局面中坚持正确的政治方向，保持政治定力。政治上的坚定源于理论上的清醒。深入学习掌握党的基本理论，自觉增强党性修养是对党忠诚的基本前提和必然要求。领导干部对党绝对忠诚，必须把研读马克思主义经典作为加强党性锻炼、坚定理想信念、培养理论思维和提升工作能力的一个重要途径，坚持不懈用习近平新时代中国特色社会主义思想武装头脑、指导实践、推动工作，筑牢信仰之基、补足精神之"钙"、把稳思想之"舵"，切实增强思想自觉和行动自觉。

忠诚，就要内外兼修、表里如一。忠诚是发于内而形于外的品格，对党忠诚，首先要重视内在品德的培养，其次要修炼好外在素质形象，二者相辅相成，不可分割。现实中，有的党员干部虽然组织上入了党，但思想上并没入党，在大是大非面前，在危机风险考验面前，在个人利益得失面前，搞政治投机，搞"口头忠诚""伪忠诚"；有的党员干部过着"双面人生"，说一套做一套，台上一套台下一套，人前一套人后一套，批评别人一套面对自己一套，把忠诚当作面具，掩盖信仰上的荒芜、对钱权的贪念。领导干部对党忠诚就必须自觉做到表里如一，坚持党和人民的利益高于一切，始终牢记自己的第一身份是共产党员，始终对党忠诚老实，忠诚于党、忠诚于国家、忠诚于组织、忠诚于人民，以身许党、以身报党，坚决杜绝言行不一、阳奉阴违，坚决禁止当"两面派"、做"两面人"。

忠诚，要的是一辈子而不是一阵子。习近平总书记指出，忠诚是共产党人政治品质的本质和核心，入了党，就要一辈子一心一意地跟党走。作为一名党员干部，对党忠诚必须是一种至死不渝的坚持、坚守、坚定，必须时刻体现在思想和行动的方方面面。古人云："路遥知马力，日久见人心。"党性也需要一生的时间来检验和证明。对党忠诚一阵子并不难，难的是一辈子忠心耿耿、一辈子忠贞不渝，要做到对党忠诚"一辈子"。领导干部对党忠诚必须始终如一，无论光明还是曲折、安全还是危险、风平浪静还是坎坷艰难，都始终与党同心同德、绝不动摇，受表扬了要忠诚、挨批评也要忠诚，提职了要忠诚、没提职也要忠诚，在岗位要忠诚、退休了也要忠诚，真正对党老实一辈子、忠诚一辈子，随时准备为党和人民牺牲一切，永不叛党。

21 忠诚源于心，始于言，见于行

习近平总书记指出，对党忠诚，必须一心一意、一以贯之，必须表里如一、知行合一，任何时候任何情况下都不改其心、不移其志、不毁其节。这句话教育我们，对党忠诚不是抽象的东西，领导干部不是生活在真空中，对党忠诚必须体现在实际行动上，体现到一言一行、一举一动之中。

火要空心，人要忠心。意思是说，柴只有架空才能充分燃烧，人只有忠诚才能立身处世，比喻了忠诚之心对人的重要。忠心的重要性超出生命的价值，如空气和水一样，须臾不可或缺，成为整个

人类社会所必需的精神品质。没有忠心，就没有爱，友谊也不会持久；没有忠心，就没有责任，家庭就会支离破碎；没有忠心，就没有凝聚，国家、政党、民族就会一盘散沙、分崩离析。对于领导干部而言，如果没有忠诚之心，位置越高，危险就越大，本事越大，危害就越大。革命战争年代，成千成万的先烈如夏明翰、刘胡兰、江竹筠等人抛头颅、洒热血，面对敌人的屠刀和酷刑，大义凛然、视死如归，展现的就是对党、对国家、对人民的耿耿忠心。和平建设年代，领导干部必须恪守忠心，不断以党性修养擦亮忠诚底色，以实际行动体现忠诚自觉。

言行是一面镜子，映照的是忠心。宋代赵善璙在《自警编·诚实》中提道："力行七年而后成，自此言行一致，表里相应，遇事坦然，常有余裕。"对于共产党人而言，言行一致更是马克思主义政党的可贵品质。《中国共产党章程》中明确规定，党员干部必须"对党忠诚老实，言行一致"。习近平总书记强调："忠诚不是挂在嘴上、写在纸上的，而是要体现在实际行动上。"现实中，有的党员干部表起态来拍着胸脯、调门很高，落实起来打折扣，甚至光说不练，"只听楼梯响""不见人下来"；有的党员干部说一套做一套，无视群众需求，只顾个人得失；有的党员干部只"表态"不"表率"；等等。表面看是作风问题，实际上是对党的不忠诚。对党忠诚、言行一致不是泛泛而谈的总体印象，而是点点滴滴的具体操作。领导干部对党忠诚，必须正确认识和处理个人利益与集体利益、当前利益与长远利益之间的关系，做老实人、说老实话、办老实事，做到"言必信，行必果"。

最难做的是始终如一，最易做的是变幻无常。忠诚必须铭于心见于行，贵在坚守。对党忠诚，就要忠诚于党的事业，一如既往，矢志不渝。不管遇到什么困难、什么大风大浪，都要同党中央保持高度一致，站稳政治立场；在任何情况下都做到政治信仰不变、政治立场不移、政治方向不偏。矢志不渝，一如既往，是忠诚的本质。随着社会发展，各种思潮泥沙俱下，传统价值观念受到很大冲击。在这样的复杂环境下，领导干部对党忠诚，必须始终坚持马克思主义的世界观、人生观、价值观，以《中国共产党章程》为行动准则，始终保持思想的清醒和政治的定力，防止"乱花渐欲迷人眼"，用实际行动，持之以恒把对党忠诚的誓言贯彻到学习、工作、生活的各个方面，以实际行动彰显和体现对党忠诚。

22 忠诚要落实到增强"四个意识"上，体现在坚定"四个自信"上，具体到做到"两个维护"上

习近平总书记强调，要把增强"四个意识"、坚定"四个自信"、做到"两个维护"纳入我们党实现自我革命、跳出历史周期率的成功道路和有效制度。"四个意识""四个自信""两个维护"是相辅相成的整体，是对党忠诚的具体内涵。形势越复杂、任务越艰巨，挑战越严峻，越要树牢"四个意识"、坚定"四个自信"、做到"两个维护"，坚决听从党中央号令、听从习近平总书记指挥。

"四个意识"是忠诚之魂。中国共产党是用马克思主义理论武

装起来的先进政党，必须坚定正确政治方向，坚守崇高理想信念。统筹推进"五位一体"总体布局，建设中国特色社会主义伟大事业，面对"四大考验"和"四种危险"的严峻挑战，只有不断增强政治意识、大局意识、核心意识、看齐意识，才能筑牢全面从严治党的思想基础，党才能担负起团结带领全国各族人民实现中华民族伟大复兴的历史使命。"四个意识"是统一整体，为的是确保全党方向和立场坚定正确，确保局部和整体协调一致，确保团结和集中统一，确保队伍整齐有力。政治坚定首先要思想过硬。"四个意识"强不强，不是抽象的，体现在一言一行；不只看表态，更要看实际行动。领导干部要把"四个意识"转化为在党爱党、在党言党、在党忧党、在党为党的切实行动。

"四个自信"是忠诚之源。古人云："自信者不疑人，人亦信之。自疑者不信人，人亦疑之。"自信是开拓奋进的强大动力，是通往光明的精神支撑。坚定的信心，能使平凡的人们做出惊人的事业。习近平总书记指出："当今世界，要说哪个政党、哪个国家、哪个民族能够自信的话，那中国共产党、中华人民共和国、中华民族是最有理由自信的。"并要求"全党要更加自觉地增强道路自信、理论自信、制度自信、文化自信"。"四个自信"是中国特色社会主义的重大理论创新，也是实现中华民族伟大复兴中国梦的精神动力。领导干部要自觉增强对社会主义和共产主义的信念，坚定中国特色社会主义道路自信；增强对马克思主义及其中国化的信仰，坚定中国特色社会主义理论自信；增强对中国共产党领导核心的信任，坚定中国特色社会主义制度自信；增强对实现民族复兴中国梦的信心，坚定中国特色社会主义文化自信。

"两个维护"是忠诚之本。 习近平总书记强调，要做到"两个维护"，自觉在思想上、政治上、行动上同党中央保持高度一致。坚决维护习近平总书记党中央的核心、全党的核心地位，坚决维护党中央权威和集中统一领导，是党的十八大以来我们党的重大政治成果和宝贵经验，也是全党在新时代革命性锻造中形成的普遍共识和共同意志，关乎党和人民的根本利益。做到"两个维护"，既是党的建设的首要任务，也是领导干部的第一职责。为政之魂，核心在忠。干部在政治上出问题，对党的危害不亚于腐败，有的甚至比腐败问题更严重。"两个维护"，从根本上讲就是要做到对党忠诚，这是我们党的最高政治纪律和根本政治规矩。领导干部必须带头做到"两个维护"，在思想上、政治上、行动上、全方位向党中央看齐，做到表里如一、知行合一，任何时候任何情况下都要做到立场不移、方向不偏。

23　把忠诚于组织作为第一信仰，把忠诚于人民作为第一标准，把忠诚于事业作为第一追求，把忠诚于正义作为第一操守

习近平总书记指出："忠诚必须体现到对党的信仰的忠诚上，体现到对党组织的忠诚上，体现到对党的理论和路线方针政策的忠诚上。"忠诚，是中华民族重要的道德规范和官德评判标准之一。在

几千年以"忠孝仁义礼智信"为核心的中国传统文化中,"忠"居于首位,成为历代仁人志士的修身之本、立身之本、为官之本,一直备受重视和推崇。中国共产党的性质、宗旨,决定了党员干部必须无条件地绝对地忠诚于党和人民。

组织是永远的靠山,人民是最大的上级。中国共产党的党性和人民性是一致的、统一的。从性质上讲,中国共产党是工人阶级的先锋队,完全、彻底的人民性决定了中国共产党始终都代表着最广大人民群众的根本利益,并把实现好、维护好、发展好这个利益作为一切工作的出发点。党的干部对党忠诚,就是要绝对忠诚于党、忠诚于人民,自觉做到热爱党、热爱人民。组织是最坚实的靠山,每名党员的成长,都离不开组织的关心和培养。离开了组织、离开了党的事业,党员干部就失去了干事创业的机会、载体和平台,如同无源之水、无本之木。人民是历史的创造者,人民是真正的英雄,人民是永远的上级,忠诚于人民是忠诚于党最直接的体现和最终的落脚点。作为领导干部,必须自觉把忠诚于党、忠诚于人民统一起来,始终把人民放在心中最重要的位置,始终与人民心心相印、与人民同甘共苦、与人民团结奋斗,在全心全意为人民服务中,不断把党和人民事业推向前进。

把工作当事业,把事业当使命。以什么样的态度对待工作,是对党员干部忠诚度的重要检验。在现实中,有的党员干部把工作当"副业",随便"撂挑子",信奉"千里来做官,只为吃和穿",把工作岗位当成了生活的工具;有的党员干部把工作当成纯粹谋生的"职业",被动"接担子",只做自己认为该做的事,只担自己认为该担的责；有的党员干部则把工作当成全身心投入的"事业"，主动"挑担子"，干一行、爱一行、精一行。不同的表现，从根本上反应的是党的干部是否做到了对党忠诚。忠诚于党，就要忠诚于党的事业。当前，改革越是到攻坚期、深水区，越是需要领导干部始终保持曾经那种热火朝天、只争朝夕的创业热情，越是需要领导干部依然点燃灯火通明、挑灯夜战的创业之光，越是需要领导干部继续寻披荆斩棘、筚路蓝缕的创业足迹。领导干部必须永葆对事业的满腔热情，始终对工作充满热情、充满激情、充满感情，潜心谋事、一心干事、全心成事，在担当作为中诠释对党忠诚。

正义是最大的力量，正义凛然铸忠诚。《说苑·政理》云："临官莫如平。"意思是面临着做官，没有什么比公平正义更得民心的。公平正义是衡量一个国家或社会文明发展的标准，也是人类社会发展进步的重要价值取向。现实中，少数党员干部缺乏正义感，不讲原则、不讲党性，背地里干些损公肥私的不法勾当；有的对恶势力及腐败现象不但不去抗争，反而态度暧昧，甚至言听计从，甘做腐败分子的获益工具，丧失灵魂、丧失正义感，这些人对党忠诚根本无从谈起。曼德拉曾说："如果习惯了黑暗，你便会为黑暗辩护。"坚持原则、敢于担当、公道正派是党员干部必须具备的基本素质，是区分美丑、明辨真伪、判断是非曲直的精神力量，更是对党忠诚的实际行动。领导干部必须具备"舍身取义"者的决心与气概，以"豁得出去"的勇气为社会正义填上"压舱石"。

24 把忠诚写在前行的征途中，火热的实践中，具体的岗位中

东汉经学家马融在《忠经》中说："天之所覆，地之所载，人之所覆，莫大乎忠。"忠诚，是做人之本、成事之基。中国共产党为什么能？因为我们共产党人有远大的理想追求，有起而行之的行动自觉，有爱岗敬业的踏实态度，并且永葆忠诚之心，在追求理想的道路上、在为党为民的实践中、在各行各业的岗位上都能忠诚如一、矢志不渝。领导干部要把忠诚体现到岗位上、落实到行动上、镌刻在征程中。

忠诚是远航的灯塔，是逐梦的基石。中国特色社会主义进入新时代，世界处于百年未有之大变局，我们取得的成就、创造的条件、迎来的机遇前所未有，我们面临的风险挑战、困难阻碍也愈加凸显，"四大考验"是长期的、复杂的，"四种危险"是尖锐的、严峻的。当下，中国共产党正在统揽进行伟大斗争、伟大工程、伟大事业、伟大梦想的实践，中华民族伟大复兴的梦想绝不是轻轻松松就能实现的，必须付出更为艰巨、更为艰苦的努力，必须时刻坚守对党、对国家、对人民、对事业的绝对忠诚。领导干部要对党忠诚、与党同心，站稳立场、保持定力，赓续红色基因、不断砥砺前行，谱写好新时代中国特色社会主义新篇章，书写出实现中华民族伟大复兴的大文章。

忠诚是具体的、实践的，没有行动的忠诚只是伪忠诚。古人云："信之愈深，行之愈笃。"焦裕禄、谷文昌、杨善洲、杨业功

等优秀党员干部对党忠诚，不仅因为他们一心向党、言行一致，还在于他们创造性地完成了党赋予的工作任务，在基层一线、艰苦一线践行爱党爱民的铮铮誓言。面对党的事业，如果动不动就叫苦喊难，那就是在对党忠诚上打了折扣。忠诚不是抽象概念，而是实践品格。做起而行之的行动者，当攻坚克难的奋斗者，既是义不容辞的政治责任，也是舍我其谁的赤胆忠诚。领导干部应以"忠"为基石，以"诚"为本质，在一言一行、一举一动中践行忠诚，在每一次选择、每一份坚守中诠释忠诚，既要仰望星空，又要脚踏实地，把忠诚书写在火热的实践中，不负时代、不负韶华、不负人民。

以忠诚之心干工作，以忠诚之行创实绩。习近平总书记强调，对党忠诚，不是抽象的而是具体的，不是有条件的而是无条件的，不能停留在口头上。古有诸葛亮竭股肱之力，鞠躬尽瘁，辅佐刘备及其子刘禅建立蜀汉政权的故事，今有焦裕禄带领人民战天斗地，奋力改变兰考贫困面貌的先进事迹。只有忠诚，才会爱岗敬业。党员干部要心怀"忠诚"的信念，自觉把对党忠诚转化为爱岗敬业、履职尽责、苦干实干、勇创佳绩的实际行动，无论在什么岗位，都要有一种工作没干好寝食不安、任务没完成夜不能寐、工作出差错心中愧疚的心态，摒弃好高骛远、急功近利的思想弊病，坚守本职工作岗位，热爱本职工作，在平凡的工作中做出不平凡的业绩。

25 只有用知重负重、攻坚克难的实际行动，才能诠释对党的忠诚、对人民的赤诚

习近平总书记指出："为人民服务，担当起该担当的责任。""担当"二字，重逾千钧。疾风知劲草，板荡识诚臣。能否知重负重、攻坚克难是检验领导干部是否忠诚的"试金石"。是否忠诚就要看领导干部在履职尽责中对负重前行是不是甘之如饴，对承压状态是不是心甘情愿，遇到急难险重是不是能冲上去，需要赴汤蹈火是不是能豁出去。

岂不畏艰险，所凭在忠诚。习近平总书记指出："中国共产党是为中国人民谋幸福的党，也是为人类进步事业而奋斗的党。"在不同历史时期，中国共产党人面临着不同的时代背景和历史任务，但勇于担当的鲜明品格和政治本色贯穿于党发展壮大的全部实践。敢于负责、勇于担当是我们党性质宗旨的内在要求，也是党员干部对党忠诚的具体体现。党和人民的事业是领导干部的答卷。当前，国际风云变幻、国内改革发展稳定任务繁重，各种矛盾困难不断凸显，各种复杂局面需要应对，无一不检验着领导干部对党忠诚的成色。领导干部若无忠诚，或者忠诚不纯粹、不牢固、不强烈，在考验中就容易走偏、走岔、走歪、走错，败下阵来。对党员干部来说，能担苦，方能以苦砺心志；能担难，方能克难显勇毅；能担重，方能承重展宏图；能担险，方能遇险敢冲锋。当领导干部，就要把对党忠诚化作知重负重、攻坚克难的强烈担当，凡是党交给的任务，不管面临什么艰难险阻，不管遇到什么大风大浪，都要有铁

的信念、铁的担当，不畏艰险、勇往直前。

事业是考题，忠诚是答案。老一辈革命家任弼时，长期带病坚持工作，他说："我们都是共产党员，肩负着革命的重任，能坚持走一百步，就不该走九十九步！"在党和人民事业的大考面前，党的干部只有绝对忠诚于党、绝对忠诚于人民，让忠诚意识既形成于对党的朴素感情，又生成于理性自觉，才能始终为党和人民事业尽心尽力，为中国特色社会主义事业不懈奋斗，也才能始终做到对党"老实"、干净干事、勇于担当，战胜各种严峻考验和艰难险阻，答好"事业考题""时代答卷""窑洞之问"。领导干部必须坚守忠诚干净担当政治品格，常怀忠诚之心，常励进取之志，知责于心、担责于身、履责于行，多一些"没做好"的愧疚，多一分"创一流"的决心，用行动彰显忠诚，以奉献诠释担当，披荆斩棘向前进。要主动到矛盾多、困难大的岗位上经风雨、见世面、强素质、长才干，在急难险重任务中学真本领、练真功夫，在克难攻坚中涵养知难而进、逆流而上的胆识和气概，磨砺遇强更强、愈挫愈勇的坚韧，用知重负重、善作善成的实际行动，诠释对党的忠诚、对人民的赤诚。

26　以忠诚之心践行党的宗旨，以敬畏之心对待手中权力，以感恩之心服务人民群众

"人之忠也，犹鱼之有渊。鱼失水则死，人失忠则凶。"鱼离开

水无法呼吸，人不忠诚则难以立身。忠诚是人所有思想能力的统帅与核心，是共产党人自带的政治基因。习近平总书记指出，职位越高越要忠于人民，全心全意为人民服务。领导干部必须永怀对人民的忠诚之心、敬畏之心、感恩之心。

所谓"忠"，就是始终把人民放在心中。《左传·桓公六年》曰："上思利民，忠也。"我们党来自人民、依靠人民、植根人民、服务人民，人民群众是我们党执政的最大底气。老百姓是天，老百姓是地。江山就是人民，人民就是江山。习近平总书记强调："赢得人民信任，得到人民支持，党就能够克服任何困难，就能够无往而不胜。"回顾党的百年历史，就是一部党与人民心连心、同呼吸、共命运的历史。领导干部必须深刻地认识到，人民始终是我们的衣食父母、是我们的力量源泉，如果心中没有百姓，就如同无根的浮萍，只能随波逐流、四处飘荡，永远找不到自我归宿。

权力来自人民，只能用来造福人民。《因话录》中曾记载裴光德的一段故事：在家时，尽管友人"无所不为"，裴光德始终毫无怨言、优厚相待，而当友人提出要谋个一官半职时，他明确回绝"不敢以故人之私，而隳朝廷纲纪"，意思是不敢以老朋友的私情而败坏了公家的制度。古人尚且有如此的认识，共产党人更应如此。习近平总书记强调，我们的权力是党和人民赋予的，是为党和人民做事用的，只能用来为党分忧、为国干事、为民谋利。当干部，只有始终忠诚为民、敬畏权力，自觉做到权为民所用、情为民所系、利为民所谋，才能真正为党和人民执好政、掌好权。领导干部要牢固树立"权为民所赋，权为民所用"的权力观，时刻牢记自己是人民公仆，当好人民的勤务员，永远为人民服务、为人民谋利、为人民造福。

以对党忠诚为"经"，以为民尽责为"纬"。 为民谋利、为民造福，是我们党执政的最高使命，也是领导干部的最大责任。身在领导岗位，用自己的"苦"，换来百姓的"甜"，既是党性使然，也是价值所在。领导干部必须永远不忘来时路、不忘公仆身份，无论走到多远的未来，都一定要与人民想在一起、站在一起、干在一起，忠诚为党分忧，忠心为国奉献，忠实为民代言；要践行全心全意为人民服务的宗旨，把个人情感融入党的事业之中，深怀爱民之心，常思百姓之苦，恪尽为民之责，善谋富民之策，多办利民之事；要切实转变作风，坚持深入基层、深入群众，倾听群众呼声，关心群众疾苦，时刻把人民群众安危冷暖挂在心上，办好群众最关心的操心事、烦心事、揪心事，让群众有更多获得感、幸福感、安全感。

27 颂党恩不忘本、向党看不挪眼、跟党走不偏心

习近平总书记强调，"全党同志要强化党的意识"，"做到忠诚于组织，任何时候都与党同心同德"。领导干部是党员干部的领头雁，必须带头感党恩、听党话、跟党走，始终一片赤诚在心、一颗红心向党、一生无怨无悔，"为共产主义奋斗终生，随时准备为党和人民牺牲一切，永不叛党"。

树高千尺不离根，人行万里勿忘本。电影《党的女儿》有句经典台词令人难忘——"孩子记住，妈妈是党的人"，深刻映照了中国共产党人强烈的党的意识。"落其实者思其树，饮其流者怀其源。"进了党的门，就是党的人。"共产党员"是党员的政治身份，也永远是领导干部的第一身份。领导干部从入党那一天起，个人政治命运就同党的命运血脉相融，就成为党组织的一员，就当感恩于党、以党为荣、为党骄傲，就当知道自己第一职责是为党工作、第一职责是为党奋斗，就当做到在党言党、在党爱党、在党忧党、在党兴党、在党护党。领导干部要时刻牢记自己姓"党"，不断锤炼对党忠诚的政治品格，每天都问问自己"为人谋而不忠乎"？坚定站稳党性立场，提高政治敏锐性和政治鉴别力，在大是大非面前头脑清醒、旗帜鲜明，经得起大风大浪考验，决不能在根本性的问题上走岔了、走歪了，更不能走错了。

组织上入党一生一次，思想上入党一生一世。干部身份可以退休，党员身份永不褪色。习近平总书记指出，听党话、跟党走，不是空洞的概念，不是喊在嘴上的口号，而是具体的、实实在在的。领导干部要在党爱党，永怀对党的深沉热爱、对党的感恩之心，永远把党摆在心头正中，真正一心向党、忠贞不贰，坚决贯彻落实党章的规定和党的重大决策部署；要在党忧党，始终以党的忧患为忧患、以为党分忧为己任，时时事事处处当先锋、作表率、显本色，不断为党做贡献；要在党兴党，始终把初心使命铭刻于心，勇于担当负责、积极主动作为，努力创造出经得起检验的业绩；要在党护党，始终时刻尊崇党章、捍卫党章、维护党章，旗帜鲜明捍卫党的领导，坚决反对和抵制一切违背、歪曲、否定党的基本路线的错误言行，永远做对党忠诚的卫士。

28 一心扑在事业上，一门心思谋打赢，一身正气作表率，一生交给党安排

幸福都是奋斗出来的。伟大事业、伟大征程，离不开伟大旗帜引领、伟大核心领航，就像是一场接力赛，需要一往无前的勇气、一以贯之的韧劲，矢志不移地向着既定目标前进。习近平总书记强调："全党同志要强化党的意识，牢记自己的第一身份是共产党员，第一职责是为党工作，做到忠诚于组织，任何时候都与党同心同德。"行万里路，初心不改；饮水思源，本色不移。当干部就要坚守共产党员身份，把对党的追随作为终身理想，把党的事业放在第一位，为党的事业奉献一切。

为官避事平生耻，重任千钧惟担当。曾国藩说为官者当有"五勤"，"天下古今之庸人，皆以一'惰'字致败"。以勤治惰，以勤治庸，一勤天下无难事。习近平总书记指出："干部干部，干是当头的，既要想干愿干积极干，又要能干会干善于干，其中积极性又是首要的。"有多大担当才能干多大事业，尽多大责任才会有多大成就。面对世界百年未有之大变局，面对中华民族伟大复兴的光明前景，干事创业正逢其时，勇于担当、真抓实干就是党员干部为党尽忠的责任所在。当干部就要强化组织意识，时刻想到自己是党

的人、是组织的人，忠于党、忠于祖国、忠于人民；不论在什么地方，在哪个岗位上，要时刻不忘自己对党应尽的义务和责任，为人民办实事、办好事、解难事，尽好为官做人的本分。

共产党人的一生，就是为党工作、为人民服务的一生。杨善洲同志一辈子忠于党的事业，一辈子全心全意为群众谋利益。退休后，别人劝他好好休息，他却说："入党时我们都向党宣过誓，干革命要干到脚直眼闭！""实在干不动了，只好把林场交还给国家，但这不是说我就退休了，有我力所能及的事，我还是要接着帮老百姓办，共产党员的身份永不退休。"习近平总书记指出："要拎着乌纱帽为民干事。"当干部就要把为党分忧、为民造福作为根本政治担当，把自己的人生追求和价值目标融入为祖国富强、民族振兴、人民幸福的奋斗之中；就要牢牢扎根在群众之中，把老百姓的事看成是头等大事，始终把群众的冷暖疾苦挂在心上，孜孜以求，从不懈怠，应该做的事顶着压力也要干，应该负的责冒着风险也要担，积极作为、攻坚克难，永葆共产党人的政治本色。

29 忠诚不谈条件、不论付出、不讲回报

习近平总书记强调："对党绝对忠诚要害在'绝对'两个字，就是唯一的、彻底的、无条件的、不掺任何杂质的、没有任何水分的忠诚。"对党绝对忠诚既是政治标准，又是实践标准。领导干部做到对党绝对忠诚，就要首先做到不谈条件、不论付出、不讲回报，

心甘情愿地为党和人民事业付出自己的一切。

春蚕到死丝方尽，无私奉献铸忠魂。古人云："临患不忘国，忠也。"古往今来无数仁人志士将国家利益放在首位，为国为民抛头颅洒热血。"人生自古谁无死，留取丹心照汗青"的文天祥，"冰天雪地、弹尽粮绝，孤身一人与大量日寇周旋战斗几昼夜后壮烈牺牲"的杨靖宇，"努力到死，奋斗到死，以身殉志，不亦伟乎"的方志敏……他们用鲜血和生命诠释了"忠诚"的价值导向。习近平总书记指出："党的事业，人民的事业，是靠千千万万党员的忠诚奉献而不断铸就的。"要立志为党分忧、为国尽责、为民奉献，勇于担苦、担难、担重、担险，以实际行动诠释对党的忠诚。甘于牺牲奉献，是忠诚的内核，是共产党人的崇高品格。当领导干部，就要心甘情愿默默付出而不求回报，做到为党和人民事业"捧着一颗心来，不带半根草去"，全心全意、完全彻底地为党、为国家、为人民奉献自己。

捧着一颗心来，不带半根草去。习近平总书记指出，早年，我们党活动经费极其有限，多数工作人员无工资无津贴，有的在社会上谋职挣钱充作活动经费，他们不拿组织上一分钱，还要不惜牺牲为党工作。党和人民需要我们献身的时候，我们都要毫不犹豫挺身而出，把个人生死置之度外。我们都做不到，让谁去做。衡量一名共产党员、一名领导干部是否具有共产主义远大理想，就要看他能否坚持全心全意为人民服务的根本宗旨，能否做到吃苦在前、享受在后，能否做到勤奋工作、廉洁奉公，能否为理想而奋不顾身去拼搏、去奋斗、去献出自己的全部精力乃至生命。作为党的领导干部，奉献是毫无保留的，为了党和人民的事业，奉献再多都是理所应当的、都是值得的，无论职务高低，都必须始终忘我工作、倾尽所有，"随时准备为党和人民牺牲一切"，乃至牺牲自己的生命。

30 绝对忠诚，就是要思想上高度信赖核心，政治上坚决维护核心，组织上自觉服从核心，行动上始终紧跟核心

孙中山先生曾经告诫国人："一盘散沙，才是中华民族最大的敌人。"邓小平同志曾经说过："任何一个领导集体都要有一个核心，没有核心的领导是靠不住的。"一个有着14亿多人口的大国，有着9500多万名党员的大党，如果没有一个坚强的领导核心，就会变得群龙无首、一盘散沙。当干部就要在任何时候、任何情况下都把维护党中央权威、维护核心作为"第一铁律""第一规矩"，做到绝对忠诚于核心，高度信赖核心、坚决维护核心、自觉服从核心、始终紧跟核心。

伟大征程靠核心掌舵，伟大梦想靠核心领航。沧海横流显砥柱，万山磅礴看主峰。一个国家、一个政党，领导核心至关重要。习近平总书记指出："我国社会主义政治制度优越性的一个突出特点是党总揽全局、协调各方的领导核心作用，形象地说是'众星捧月'，这个'月'就是中国共产党。"党面临的形势越严峻复杂、肩负的任务越艰巨，就越要维护党的团结统一，越要坚决做到"两个维护"。事在四方，要在中央。"中国之治"与"西方之乱"形成鲜

明对比，根本就在于我们坚决维护习近平总书记党中央的核心、全党的核心地位，坚决维护党中央权威和集中统一领导，把全党牢固凝聚起来，进而把全国各族人民紧密团结起来，形成万众一心、无坚不摧的磅礴力量。领导干部对党忠诚，就要坚决维护核心，强化拥戴核心、追随核心、捍卫核心、服务核心、看齐核心的坚定性和自觉性，自觉做到思想上高度认同、政治上坚决维护、组织上自觉服从、行动上紧紧跟随。

忠诚于党的核心，维护党中央权威。习近平总书记强调，风雨袭来时，党的坚强领导、党中央的权威是最坚实的靠山。干部对党忠诚、维护核心，必须在思想上坚定认同核心，清醒认知党中央和全党必须有一个核心，自觉认同以习近平同志为核心的党中央，把维护以习近平同志为核心的党中央权威作为第一位的政治要求，把学习贯彻习近平新时代中国特色社会主义思想作为重要政治任务，自觉坚定政治立场，虔诚而执着、至信而深厚；必须在政治上坚决维护核心，严守政治纪律和政治规矩，始终在政治方向、政治立场、政治原则、政治道路上同以习近平同志为核心的党中央保持高度一致；必须在组织上绝对服从核心，自觉服从组织决定，执行组织决议，服从组织安排，决不拈轻怕重、挑三拣四，决不与组织讨价还价、我行我素；必须在行动上精准对标核心，经常用党中央的决定决议、最新精神和原则要求对照检视言行，时刻对标对表党中央要求，及时校准思想之标、调正行为之舵、绷紧作风之弦，做到党中央提倡的坚决响应，党中央决定的坚决照办，党中央禁止的坚决杜绝。

31 能忠诚不易，守忠诚可贵，尽忠诚崇高

天下至德，莫大于忠。忠肝义胆、舍命刺秦的荆轲，气节高昂、忠君报国的苏武，忠义千秋、千里寻兄的关羽，忠心耿耿、鞠躬尽瘁的诸葛亮，精忠报国、至死不渝的岳飞，忠于民族、舍生取义的文天祥，等等，这些历史传奇人物流传千年、家喻户晓，他们都有向善向忠、崇尚忠诚的品质。当干部就要把对党绝对忠诚作为百德之首、立身之本、为政之魂，落实到具体工作中，体现到实际行动上，做到赤诚无私、尽心竭力，始终如一、至死不渝，经常对照党章党规党纪检视自己，永葆政治本色。

以信仰铸造忠诚，以实干淬炼忠诚。忠诚不是自然而然产生的，对党要有朴素的感情，更要有理性的自觉。忠诚不是天上飘浮的云，不是无源之水，忠诚的根基是信仰，无信仰不忠诚。只有深扎信仰之根，才能扎稳"忠诚"根基。如果不注重加强理论武装、形不成理性自觉，就不可能信仰坚定，忠诚也就不可能经受住大风大浪的考验，必将落了空。领导干部只有不断坚定理想信念，不断筑牢信仰之基、补足精神之"钙"、把稳思想之"舵"，始终坚守马克思主义信仰、中国特色社会主义信念，才能牢靠对党忠诚的基础，才能够在"千磨万击还坚劲，任尔东西南北风"中，砥砺对党的赤诚忠心。

再多的承诺，不如坚守忠诚。忠诚是魂，魂固方能神聚；忠诚是根，根深方能叶茂；忠诚是源，源浚方能流长。习近平总书记指出，忠诚是共产党人政治品质的本质和核心，入了党，就要一辈子

一心一意地跟党走，对党就要知恩感恩报恩。今天忠诚，不等于明天忠诚；一时一事忠诚不难，时时事事一辈子忠诚不易。干部要把"对党忠诚，永不叛党"作为一生的誓言、终身的承诺，只有坚守忠诚，头脑才会更加清醒，立场才会更加坚定，行动才会更加有力，要始终做到入火海而不退缩、遇烟雾而不迷失、出淤泥而不沾染、临诱惑而不动摇。忠诚度的问题不是小问题。当干部决不能游离在利益大小的取舍边缘，处于顺境时忠诚，遇到挫折困难时就动摇；平时表现忠诚，关键时刻就犹豫；符合自己意愿时忠诚，个人要求没有满足就抱怨；要求他人忠诚，对待自己却网开一面……具有诸如此类表现的人，都是不忠诚的"两面人"，是最危险的人。

信念有多坚定，忠诚就有多纯粹。要对党的事业忠诚，对履行的政治任务忠诚，对岗位职责忠诚，就像入党誓词中讲的那样，对党忠诚，永不叛党，特别是面对错综复杂的形势和繁重艰巨的任务，必须做到绝对忠诚，决不能对党二心二意，政治上要永远坚定。尽守忠诚至真无言、至善无形、至广无垠、至恒无尽、至润无声。当干部就要把对党忠诚始终放在第一位，以坚定的理想信念砥砺对党的赤诚忠心，坚守初心使命；要忠诚于党和人民的事业，坚信事业前途，把职业当事业，把责任当重任，爱岗敬业，恪尽职守，担当有为；要坚持原则、认真负责，面对大是大非敢于亮剑，面对矛盾敢于迎难而上，面对危机敢于挺身而出，面对失误敢于承担责任，面对歪风邪气敢于坚决斗争，争做一个高尚的人，一个纯粹的人，一个脱离了低级趣味的人，一个有益于人民的人。

32 能不能讲真话、道实情，是检验是否对党忠诚的重要方面

《说文解字》中对"忠诚"这样解释："忠，敬也，从心"；"诚，信也，从言"。通俗地说：忠，就是崇敬、敬重和恪守；诚，就是言而有信、表里如一。可见，能不能讲真话、道实情，不仅是表达方式的问题，而且是忠诚不忠诚的问题。习近平总书记指出："党员、干部要正确对待组织，对党组织忠诚老实。在党组织面前，党员、干部不能隐瞒自己，不能信口雌黄。党员、干部之间也应该言行一致、表里如一，讲真话，讲实话，讲心里话。"领导干部要始终对党忠诚，就要向党敞开心扉讲真话、道实情，以赤诚之心对待组织、以坦诚态度对待同志，做到襟怀坦白、光明磊落。

良药苦口利于病，忠言逆耳利于行。善真为德。习近平总书记指出："讲实话、干实事最能检验和锤炼党性。"讲真话是做人最基本的品德，是检验领导干部对党忠诚与否的"测试器"。真话，是反映客观实际的话。不讲实事求是、不注重求真务实，既是对马克思主义理论精髓的背离，也是对党的思想路线、工作方法和领导方法的背弃，最终会贻误党和人民的事业，这样何谈对党忠诚？试问，对党口是心非，欺上瞒下，满口谎言，做"两面人"，怎么可能在政治上、思想上、组织上、行动上与党保持一致？又怎么能执行好党的路线方针政策以及纪律法规，完成好党交给的各项任务？只有对党毫不欺瞒，做一个"透明人"，我们才能与党同心同德、同频共振，才能和党真正地融为一体、始终忠诚于党。

披肝沥胆吐真言，冰心玉骨铸忠魂。早在党的七大上，毛泽东同志就告诫全党："讲真话，每个普通的人都应该如此，每个共产党人更应该如此。"邓小平同志也提出："要敢说真话，反对说假话。"真话是肺腑之言，是肝胆相照，是忠诚体现。唐代魏征敢讲真话，专做"批龙鳞，逆圣听"的事，被唐太宗李世民尊为雕琢"美玉"的良工、矫正己过的"人镜"，成为一代名相和"千秋金鉴"。虚言开花不结果。领导干部要对党忠诚，对人民忠实，就要主动带头讲真话、说实话、道实情，如实向党反映和报告情况，对党不藏不掖、不遮不掩；要敢于把问题放到阳光下，把真话说在桌面上，有一说一，是什么就说什么，反对夸夸其谈、假大空，摒弃曲意逢迎的虚伪，不说变了味的恭维话、加过工的吹捧话、掺水分的违心话；要通过科学严谨的调查研究，善于点问题、讲事实、道真情，不唯上、不唯书、只唯实，让假话、空话、套话没有市场。

33　忠诚是心头的信念、脚下的行动

习近平总书记强调："忠诚和信仰是具体的、实践的。"忠诚不是抽象的概念、纸上的口号，而是有着鲜明的实践品格，是贯穿于时时事事的精神底色。对于领导干部而言，老老实实做人、踏踏实实做事、兢兢业业工作，就是对党和人民最大的忠诚。忠诚是心头的信念、脚下的行动，体现在做人、做事、工作中，落实在一言一行、一举一动中。领导干部要做到对党绝对忠诚，必须不断加强党

性锻炼，脚踏实地，把忠诚书写在前行的征途上、火热的实践中，做老实人、办老实事、勤恳工作。

九层之台起于累土，对党忠诚源自一点一滴。对党忠诚，不是虚无缥缈的，不是不着边际的。忠诚的落脚点，贵在做老实人、办老实事、兢兢业业工作上。在这方面，老一辈革命家更是表里如一，为后人留下光辉典范。任弼时同志一生勤恳工作，任劳任怨，叶剑英元帅评价他"是我们党的骆驼，中国人民的骆驼，担负着沉重的担子，走着漫长的艰苦的道路，没有休息，没有享受，没有个人的任何计较"。罗荣桓同志也多次被毛主席誉为"老实人"。宁都会议后，毛泽东同志被解除了领导职务，罗荣桓同志因坚持真理、多次支持毛泽东同志的主张也被撤了职，但他始终忠诚于党，老老实实地为党工作。在世界上要办成几件事，没有老老实实的态度是根本不行的，我们共产党人都要做老实人。可见，对党忠诚不是喊出来的，行得正、做得实、干得好，就是对党忠诚最直白的流露、最真实的表达。

忠不忠看行动，诚不诚看过程。做人做事，都做到竭诚尽责就是忠的表现。是老实还是奸诈，是踏实还是浮夸，是勤奋还是懒惰，组织和群众都能看得见、辨得出。在那些落马的干部中，有的热衷于喊口号、表忠心，实则是当面一套、背后一套；有的在公开场合大喊苦干实干，私下却"庸、懒、散"；有的讲起道理头头是道，干起工作来却拈轻怕重，不担当、不作为……一旦把忠诚仅仅当成口头上的表态，甚至将其视为捞取政治资本的工具，所谓的忠诚便是假忠诚、伪忠诚、不忠诚。身在和平年代，虽然少了血与火的考验，但领导干部肩负的职责使命依旧重大。领导干部要老实做人，思想务实、生活朴实、作风扎实，一念之非即遏之、一动之妄即改之，一辈子坦荡从容，一辈子忠贞不渝；要踏实做事，把忠诚变成实干的动力，变成知行合一的行动，让忠诚深植于做人做事的土壤中，做到任何时候任何情况下都能站得稳、靠得住；要兢兢业业工作，善于保持旺盛的革命斗志，把责任扛在肩上，勇挑最重的担子，竭尽心力任其事、服其职、尽其忠。

34 对党忠诚，要有无私忘我、行端影直的净气，铁骨铮铮、腰杆挺直的骨气，敢于碰硬、敢于攻坚的勇气

1954年底，西北地区群众来信反映，在统购统销中存在食油供应紧张、地方政府强迫命令、干群关系紧张等问题，习仲勋同志当即决定把真实情况向党中央、毛主席报告。什么才叫共产党员？什么才叫对党忠诚？老一辈革命家以自己的行动启示我们，对党忠诚，应当公忠体国，遇到问题矛盾敢于无私忘我、挺直腰杆、攻坚克难，坚决维护党和人民的利益。领导干部要认真履行职责，面对困难挑战，不畏缩、不推诿，敢于碰硬、敢于亮剑，以至公无私之心，行正大光明之事，始终忠诚于党，忠诚于人民，忠诚于事业。

公私一念间，忠奸两重天。习近平总书记指出："我们党之所以有自我革命的勇气，是因为我们党除了国家、民族、人民的利

益，没有任何自己的特殊利益。"不谋私利才能谋根本、谋大利，才能从党的性质和根本宗旨出发，从人民根本利益出发，一心向党，始终忠于党。反之，假公济私、损公肥私、谋求私利，何来对党忠诚？私德不严，政德难存。可以说，能不能做到任何时候任何情况下个人利益都绝对地、无条件地服从党的事业发展需要、服从最广大人民的根本利益，是检验领导干部是否对党绝对忠诚的重要标准。习近平总书记指出："作为党的干部，就是要讲大公无私、公私分明、先公后私、公而忘私，只有一心为公、事事出于公心，才能坦荡做人、谨慎用权，才能光明正大、堂堂正正。"治官事则不营私家，在公门则不言货利。领导干部要时刻注意自重、自省、自警、自励，正确处理公与私的关系，不为私欲所动，不为私情所困，不为私利所惑，严格约束自己的行为，正己修身清白忠心向党。

党性正则骨气硬，骨气硬则忠诚坚。骨气，指的是刚强不屈的人格及操守。有骨气的人，抱有正确、坚定的主张，始终如一的勇敢为进步事业服务，遭遇任何困难都压不扁、折不弯，碰上狂风巨浪，都能顶得住吓不倒，并能始终坚持抗争。"大丈夫生于世间，宁可粗布以御寒，糙食以当肉，安步以当车，就是断头流血也要保持气节"，是骨气；八女投江、狼牙山五壮士跳崖，是骨气；"宁愿站着死，不愿跪着生""砍头不要紧，只要主义真"，更是有骨气的生动写照。时代无论怎样前进、社会无论如何变化，中国共产党人的气节不能动摇、骨气不能丧失，这是党性的要求、忠诚的需要、人民的呼唤。新时代党员的骨气，是不变的忠诚，永存的正气。人无刚骨，忠诚不牢。领导干部要坚守中国共产党与生俱来的骨气与热血，守护精神家园，筑牢思想防线，练就一身傲骨，挺直对党绝对忠诚的腰杆，牢记为人民服务的根本宗旨，肩负起历史的重任，全身心投入到党和人民的各项事业中去。

狭路相逢勇者胜，忠诚面前无懦夫。讲忠诚，就要有勇气、敢担当。有没有勇气与担当，体现的是一名党员的胸怀、格局和党性，决定着其职责的履行、作用的发挥、贡献的大小。一名党员对党是否绝对忠诚，一到关键时刻就泾渭分明，看得真真切切、清清楚楚。若遇到风险挑战，不敢担当、怕事躲事，背弃人民利益，就会辜负党和人民的期望，忠诚则无从谈起。领导干部要有"明知山有虎，偏向虎山行"的英雄气概，在工作中，少说空话，多干实事；关键时候，站得出来、冲得上去；难题面前，敢闯敢试、敢为人先；矛盾面前，敢抓敢管、敢于碰硬；风险面前，敢作敢为、敢于负责；以新担当新业绩诠释对党的忠诚、对人民的赤诚。

35 一个人如果缺乏忠诚，能力越强，危害越大

毛泽东同志曾指出，办事要靠人，人要靠得住。选人用人首先要看一个人在政治上能否做到忠诚可靠。只有始终保持忠诚，才可以正确发挥其各方面的才能；如果不忠诚，本领越大，则危害越大。特别是领导干部，如果忠诚不足以"驾驭"他的权力、声望和地位，则迟早要出事、坏事。"为政之要，惟在得人。"只有把既有能力又忠诚可靠的人选上来、用起来，党和人民的事业发展才有坚

实的保障，才能始终任凭风浪起、稳坐钓鱼船。

忠诚是"1"，能力是"1"后面的"0"。忠诚是最大的德，也是个人所有能力的统帅。如果一个人缺乏忠诚，他的能力就失去了用武之地，没有任何一个组织愿意使用一个缺乏忠诚的人。比尔·盖茨说："这个社会并不缺乏有能力、有智慧的人，缺乏的是既有能力又忠诚的人。相对而言，员工的忠诚对于企业来说更重要，因为智慧和能力并不代表一个人的品质。对企业来说，忠诚比智慧更有价值。"领导干部首先要永远对党忠诚，与党同心同德、同甘共苦，始终坚贞不渝，永不背叛，让才华能力在正确的轨道上发挥作用，让创造的价值符合组织的目标、人民的期望。

有才无忠，祸莫大焉。习近平总书记指出："政治上有问题的人，能力越强、职位越高危害就越大。"所谓"政治上有问题"，就是政治品德不过关，对党不忠诚。北宋司马光的《资治通鉴》有言，"君子挟才以为善，小人挟才以为恶。挟才以为善者，善无不至矣；挟才以为恶者，恶亦无不至矣"，"古昔以来，国之乱臣、家之败子，才有余而德不足，以至于颠覆者多矣"。一个人如果身居高位，但又缺乏起码的忠诚，那么能力将会成为其违法犯罪的帮凶，令他的人生走向堕落和毁灭。历史上，如蔡京、严嵩、和珅等大奸大贪，哪一个不是能吏干吏？哪一个不是给国家和人民带来巨大灾难？可见，有才无德者，祸国殃民更甚。德才兼备，方堪重任。领导干部不应只注重能力本领的增强，更要在思想上坚定对党忠诚、在行动上体现对党忠诚，注重品德修养，以德养成行为、以德约束行为，更好地为社会做贡献。

36 夯实忠诚履职之本，抓住忠诚尽职之要，负起忠诚担职之责

忠者，赤诚无私；诚者，真心实在。忠诚是领导干部的立身之本、成事之基、为政之要。习近平总书记指出，"对党忠诚，不是抽象的而是具体的"，"对党忠诚必须始于足下。如果连本职工作都没做好，不担当不作为，把党组织交给的'责任田'撂荒了甚至弄丢了，那就根本谈不上'两个维护'"。领导干部要发挥"头雁效应"，走在前、作表率，认真履职、尽职、担职，勇担当、善作为、敢尽责，永葆共产党人的政治本色。

不做则"拙"，无为则"伪"。人在社会中生存，必然要对自己、对家庭、对集体、对社会、对祖国承担并履行一定的责任。在其位，就要谋其政、履其职、担其责、成其事。履行好自身职责，有作为、有实绩是干部的本分，是忠诚的基本体现和表现载体。不操为党尽职的心，不干为党分忧的事，怎么对得起党员的"党"字、干部的"干"字、忠诚的"忠"字？一个对党忠诚的人，无论什么时候都把自己与党的事业联系在一起，最大限度地释放生命的激情，创造出有利于党和人民的业绩。作为领导干部，忠诚体现在认真履行职责，勤思考、勇开拓，善于用改革的办法、创新的举措来破解难题、推动工作，多谋事、多干事，生命不息、奋斗不止、业绩不断，坚决不做无所事事的"清闲官"、逃避责任的"滑头官"、无所作为的"平庸官"。

有多大担当才能干多大事业，尽多大责任才能显多大忠诚。勇担

当、善作为，是共产党人的鲜明品质。习近平总书记强调："忠于党、忠于人民、无私奉献，是共产党人的优秀品质。党的事业，人民的事业，是靠千千万万党员的忠诚奉献而不断铸就的。不忘初心，方得始终。"不履职担当，就是没有政德，就是不忠诚，就不配当干部。不履职尽职，蓝图再好也不过是一纸空文；不担当干事，梦想再美也终是黄粱一梦。新时代，是革新图强、赢得未来的新长征，也是一场冲破利益藩篱、破除思想坚冰的新革命，领导干部要强化责任意识和担当精神，把对党忠诚刻在心上，把责任使命扛在肩上，把使命任务抓在手上，发扬愚公移山精神，于危机中育新机、于变局中开新局，以履职之本、尽职之要、担职之责诠释对党和人民的忠诚。

37 铸牢一心向党的忠诚之魂，锻造一锤定音的忠诚之能，培塑一尘不染的忠诚之形

心有忠诚，行有方向。忠诚绝不是几句口号、轻松表态，不仅在于形式，更在于内容。忠诚不忠诚，既听其言又观其行，多角度多方位探察，总能识别出来。作为领导干部，要有为党分忧、为党尽职、一心向党的忠诚之魂，"不要人夸颜色好，只留清气满乾坤"；要有守土负责、守土尽责的忠诚之能，"明知征途有艰险，越是艰险越向前"；要有面对利益诱惑善于坚决抵制，面对歪风邪气敢于坚决斗争的忠诚之形，"千磨万击还坚劲，任尔东西南北风"。只有千千万万领导干部铸忠诚之魂、砺胜仗之能、树清白之形，党的事

业才能不断从胜利走向新的胜利。

一心向党终不悔，硝烟岁月铸忠魂。"魂者，器物之统摄也。"无"魂"则迷"向"，无"魂"则无"忠"。忠诚需要"魂"来支撑、凝聚和引领。"一心向党"，是领导干部的忠诚之魂，不管形势多么复杂、诱惑多么巨大，都牢不可破、坚不可摧。领导干部要扎深理想信念的根子，补足精神之"钙"，把牢世界观、人生观、价值观这个"总开关"，筑牢"一心向党"的思想根基；要拥护核心、维护党心，听党的话跟党走，以党的旗帜为旗帜、以党的方向为方向、以党的意志为意志，始终做到政治上绝对忠诚，思想上坚定追随，情感上真诚拥戴，行动上紧紧跟上，筑牢"一心向党"的行动根基；要关爱民心，以老百姓满意不满意、答应不答应、高兴不高兴、拥护不拥护为评判工作的最终标准，以人民对美好生活的向往为奋斗目标，始终坚定不移打头阵、涉险滩、啃"硬骨头"，筑牢"一心向党"的价值根基。

绳短不能汲深井，力微难以托忠诚。当今时代，各种新情况新问题新矛盾层出不穷，领导干部只有具备判形势、析问题、做决策的真功夫，能拿捏、有主见、善决断的硬本领，才能为党尽责、为党尽忠、不辱使命。能力不是天生就有的，也不是凭空设想出来的，是经过学习和实践练出来的。领导干部对党忠诚，就要增强"本领恐慌"的意识，通过靠前指挥、一线研判、亲抓落实，干中学、学中干，在战争中学会战争，在游泳中学会游泳，不断增强工作的原则性、系统性、预见性、前瞻性，善决策、敢拍板、勇担当、真实干、有权威，不断提升对党忠诚的能力水平。

一尘不染露风骨，高风亮节见忠贞。思想上的一丝裂纹、道德上的一点瑕疵、纪律上的一个针眼，最终都可能成为溃堤蚁穴，毁人一世忠诚、一世英名。针大的眼进斗大的风，有缝的蛋迟早要被苍蝇叮上。习近平总书记指出，要从一点一滴中加强修养、完善自己，从小事小节上加强约束、规范自己，见微知著、防微杜渐，常掸心灵灰尘、常清思想垃圾、常掏灵魂旮旯。领导干部永远对党忠诚，就要注重慎独慎微、防微杜渐，大节不失、小节不纵，像"站立在海上的岩石一样，经得起海浪的冲击"。要自身正，身如劲松、不失一足；要自身净，人如荷莲、不染一泥；要自身硬，心如石坚、不妄一念，始终保持忠诚满格。

38 忠诚，离不开信仰的坚强支撑，美德的滋润涵养，实践的磨砺考验

忠诚，不仅体现出一个人的精神和信仰，也折射出一个人的美德与人格，是躬身实践、成就事业的根基，是共产党人首要的政治品质。习近平总书记强调，对党忠诚，必须一心一意、一以贯之，必须表里如一、知行合一，任何时候任何情况下都不改其心、不移其志、不毁其节。对党忠诚不是自然产生的，不是一牢永固的，不会随着党龄的增加而自然提高；也不会随着职务的升迁而自然提高。对领导干部而言，要永葆忠诚，必须以坚定的信仰筑牢忠诚，以美德滋养忠诚，在实践中砥砺忠诚，对党有朴素的感情、理性的自觉，始终做到在党爱党、在党为党。

筑牢信仰之基，砥砺忠诚之心。信仰是忠诚的内核。19世纪英国著名社会改革家塞缪尔·斯迈尔斯在《信仰的力量》中写道："能够激发灵魂的高贵与伟大的，只有虔诚的信仰。在最危险的情形下，最虔诚的信仰支撑着我们；在最严重的困难面前，也是虔诚的信仰帮助我们获得胜利。"坚定的理想信念是共产党人忠贞不渝的精神支柱和动力源泉。习近平总书记指出，只有对马克思主义信仰坚定了，对中国特色社会主义信念坚定了，对党忠诚才能有牢靠的基础。领导干部要坚守共产党人的信仰高地和精神家园，坚持不懈用党的创新理论武装头脑，始终"虔诚而执着，至信而深厚"，在各种复杂形势、困惑诱惑面前保持定力，做到信仰不变、立场不移、方向不偏，始终忠于党、忠于人民。

忠诚之花失去美德的滋养便会枯萎。德是做人之本、为政之要、忠诚之基。德立不起来，或是被打开了缺口，思想防线就会失守，人就要倒下去，就不能始终做到对党忠诚。这些年有的领导干部要么不明大德，对党不忠诚不老实、人前人后不一样，在大是大非面前东倒西歪；要么不守公德，公心泯灭、私心膨胀，热衷于"当官做老爷"，不管人民群众冷暖安危；要么不严私德，自我要求松懈，"朋友圈""社交圈""生活圈"污浊，甚至不惜突破道德底线；等等。这些丢了为政之德的领导干部，就会忠诚缺失、信仰滑坡、价值观"脱轨"，走向违法犯罪深渊。领导干部要时时牢记党性原则、恪守人品官德的正念，把加强党性修养、加强思想改造作为一生的必修课，明大德、守公德、严私德，时时处处讲规矩、守纪律、作表率，不断提升对党忠诚的纯度、韧度、长度。

好马是骑出来的，忠诚是练出来的。实践是锤炼干部的"磨刀石"，是检验干部忠诚与否的"大考场"。对党忠诚，毫无疑问应落实到实践上，需要在长期艰苦的实践中锻造和检验；经不起实践检验的所谓对党忠诚，只能是假忠诚、伪忠诚。领导干部对党忠诚，就要在实现中华民族伟大复兴的事业中主动作为，不仅要能扎根岗位把平凡的工作干得不平凡，也要能在难事急事乃至"热锅上的蚂蚁"一样的经历中经受摔打、提升能力、锤炼忠诚。实践中，领导干部面对大是大非要敢于亮剑，面对矛盾要敢于迎难而上，面对危机要敢于挺身而出，面对歪风邪气要敢于坚决斗争，要始终站稳立场，经受住实践对忠诚的检验。

39 对党忠诚的品质，要用理论的清醒来打底；要用绝对的标准来强化；要用刚性的约束来保障

"石可破也，而不可夺坚；丹可磨也，而不可夺赤。"忠诚，是共产党人的本色和灵魂。对党忠诚，力重千钧。对党忠诚是团结一致的"聚合剂"，是党的力量的"倍增器"，是我们党始终保持蓬勃朝气、不断从胜利走向胜利的秘诀之一。习近平总书记指出："衡量干部是否有理想信念，关键看是否对党忠诚。"领导干部要坚持理论铸魂、坚持绝对标准、坚持刚性约束，一心向党、以身许党，不断磨炼对党忠诚的政治品质，使之融入血脉、化为基因、成为自觉。

树之茂盛靠根深，人之忠诚靠铸魂。习近平总书记强调："政

治上的坚定、党性上的坚定都离不开理论上的坚定。干部要成长起来，必须加强马克思主义理论武装。"理论是忠诚的"定盘星""指南针"，能使人把握规律、明辨是非，做到心明眼亮。只有在思想上弄通了、理论上清醒了，才会真正接受理论、把理论内化成信仰，用信仰筑牢忠诚；有了理论的武装，才能站得高、看得远，保持理论自信和政治定力，从而做到行动坚决果敢，对党忠贞不渝。相反，如果疏于理论学习、放松思想改造，必然会认识模糊、头脑不清，继而信仰迷茫、信念动摇、精神迷失，导致在一些重大原则问题上摇摆不定、举止失当，甚至产生怀疑和动摇，对党忠诚就失去了根基。只有坚持思想改造不断线、学习创新理论不放松，才能对党忠诚一辈子，而不是一阵子。领导干部要坚持学好马克思主义这一必修课，认真学习习近平新时代中国特色社会主义思想，深钻细研、学懂弄通、真信真用，用理论上的清醒保证政治上的忠诚坚定。

立起绝对标准，淬炼忠诚纯色。忠诚小绝对，就是绝对不忠诚。对党忠诚，只有"绝对"标准，没有"相对"标准。习近平总书记指出："对党绝对忠诚要害在'绝对'两个字，就是唯一的、彻底的、无条件的、不掺杂任何杂质的、没有任何水分的忠诚。"绝对标准的忠诚，就是100%忠诚，99%都不行。忠诚度上欠缺的"1%"，很可能成为信念滑坡的第一块"石子"、成为政治变质的第一个"分子"、成为敌人撕开的第一道"口子"，一旦遇到特定的环境条件，剩余的99%很容易土崩瓦解。坚持绝对标准的忠诚，是党员干部的首要政治原则、首要政治本色、首要政治品质，是忠诚的最高境界。领导干部要坚持用绝对的标准来强化对党忠诚，始终保持理论上的清醒和政治上的坚定，做到大是大非不迷糊、小事小节不含糊，以绝对纯洁、绝对可靠确保对党绝对忠诚。

约束是个圈，忠诚在里边。西方有句谚语："上帝要让其灭亡，必先让其疯狂。"人不以规矩则废，忠无约束则伪。不管是防线、底线还是红线，代表的都是一种纪律、规矩意识。没有纪律、规矩的约束，人就会在肆意妄为中毁灭自我，所谓忠诚也就只能是假忠诚。习近平总书记指出，坚持对党绝对忠诚，必须把牢政治方向、严守政治纪律。"在所有党的纪律和规矩中，第一位的是政治纪律和政治规矩"。有了政治纪律和政治规矩的刚性约束，对党忠诚就有了可靠的保障。现实中，有的领导干部热衷于搞小圈子、小团伙，搞非组织活动；有的搞两面派、做两面人；有的纵容配偶子女非法牟利，默许他们为所欲为；等等。这些不守政治纪律和政治规矩的领导干部，必然经不起大风大浪的考验，在忠诚上走岔、走歪、走错。领导干部要把"守纪律如生命、讲规矩为天职"作为自觉遵循，念好"紧箍咒"，不碰"高压线"，严防"破窗效应"，在不放纵、不越轨、不逾矩中永葆忠诚本色。

40 以党的旗帜为旗帜、以党的意志为意志、以党的使命为使命

　　共产党员对党忠诚是天经地义的，是坚持党的绝对领导、保证全党上下同心同德、维护党团结强大的必然要求。党的主张就是努力的

方向，党的意志就是坚守的立场。领导干部对党忠诚，就要忠于党的宗旨、旗帜、意志、使命、纪律，情感上高度认同、心理上高度信赖、工作上不遗余力，在灵魂深处与党融为一体，始终在思想上政治上行动上同以习近平同志为核心的党中央全方位看齐、保持高度一致。

旗帜引领航向，赤胆忠心追随。毛泽东同志指出："主义譬如一面旗子，旗子立起了，大家才有所指望，才知所趋赴。"旗帜就是方向，旗帜就是形象，是引领忠诚的灯塔。党的旗帜是党的政治信仰、政治纲领和政治路线的集中展示。在举什么旗、走什么路的问题上，领导干部一定要头脑清醒、旗帜鲜明，绝不能忘本忘祖、忘记初心，只有这样才能始终保持忠诚本色。中国特色社会主义伟大旗帜，是当代中国共产党人意志主张的集中表达，凝聚全国各族人民团结奋斗的共同理想。领导干部要坚持不懈地用中国特色社会主义理论体系武装头脑，始终保持对马克思主义的坚定信仰、对中国特色社会主义的坚定信念，高举中国特色社会主义伟大旗帜，为全面建设社会主义现代化国家而努力奋斗。

一心跟党走，忠心听党话。意志是指人们自觉地确定目的，并根据目的调节支配行动，克服困难、实现预定目标的心理倾向。党的意志就是党的意图、志向、主张和目标，集中体现在党的路线、方针、政策、决议等方面。领导干部是否坚决执行党的方针政策，表面上是态度问题，实质上却是党性问题、忠诚问题。领导干部对党忠诚，就要时刻以党中央为标杆、以党的理论和路线方针政策为标杆、以党中央决策部署为标杆，自觉对标看齐，党中央关心什么、倡导什么就积极响应什么、跟进落实什么，党中央作出的决策、部署的工作、定下的事情就雷厉风行、紧抓快办、一抓到底，党中央禁止的就自觉接受约束、坚决杜绝、心有所畏、言有所戒、行有所止，做到党中央提倡的坚决响应、党中央决定的坚决执行、党中央禁止的坚决不做。

使命呼唤忠诚，忠诚担当使命。习近平总书记指出："在内忧外患中诞生和成长起来的中国共产党，自成立之日起就把实现中华民族伟大复兴作为自己的历史使命。"为了实现这一光荣的使命，一代又一代共产党人前赴后继、砥砺奋进。今天，历史的接力棒传到了我们手里，责任重于泰山。忠诚践行使命，使命彰显忠诚。领导干部对党忠诚，以身许党许国、报党报国，要牢记我们党肩负的实现中华民族伟大复兴的历史使命，勇于担当负责，积极主动作为，保持斗争精神，敢于直面风险挑战，勇于变革、勇于创新，永不僵化、永不停滞，用坚韧不拔的意志和无私无畏的勇气战胜前进道路上的一切艰难险阻。

41 敢于负责、勇于担当是对党忠诚的具体表现，检验标尺，重要特征

中国共产党是以马克思主义理论武装起来的先进政党，其初心和使命就是为中国人民谋幸福、为中华民族谋复兴。敢于担当由党的性质、宗旨和奋斗目标所决定，担当是共产党人的政治本色。习近平总书记指出，敢于担当是共产党人的政治品格，也是我们党

对领导干部的一贯要求。为官避事平生耻，能否敢于负责、勇于担当，最能看出一个干部的党性和作风。一代又一代人的使命，新时代呼唤担当，在实现中华民族伟大复兴的新征程上，应对重大挑战、抵御重大风险、克服重大阻力、解决重大矛盾，迫切需要迎难而上、挺身而出的担当精神，迫切需要广大党员干部书写甘于担当、勇于担当和善于担当的精彩篇章。

忠诚之魂在于担当，对党忠诚就要为党分忧。习近平总书记把对党员领导干部的要求凝练为六个字：忠诚干净担当。担当是中国共产党人的政治本色。邓小平同志说过："不干，半点马克思主义都没有。"担当是作风问题，更是政治问题。不担当就是不忠诚，就没有政德，就不配当干部。在中国特色社会主义新时代，担当是党员干部的政治品格、履职能力和工作作风的集中体现。每一名共产党员在入党时都会举起拳头，宣誓"对党忠诚"。时下，个别领导干部甘于做"老好人""太平官""甩手掌柜"；碰到难题躲着走，遇到矛盾绕弯行；为了"不出事"，索性"不干事"；本来应当今天解决的问题非要拖到明天，本来应当自己解决的问题非要推给别人，本来应当"上面"解决的问题非要推给"下面"，结果造成问题"滚雪球"，积重难返。马克思曾经说："作为确定的人，现实的人，你就有规定、就有使命、就有任务，至于你是否意识到这一点，那是无所谓的。"作为马克思主义的坚定信仰者，共产党员更应当牢记自己的使命。

履职之要在于担当，对党忠诚就要为党尽责。权力就是责任，责任就要担当。大事难事看担当，担当是检验党员干部忠诚度、使命感和事业心的"试金石"，有多大担当才能干多大事业，尽多大责任才会有多大成就。对党员干部来说，担当是立身之本，是为政之基，也是成事之要。担当才是忠诚，落实方见本色。是否敢于负责、勇于担当，是检验党员干部是否合格的重要标尺。党的干部必须坚持党性原则、坚持责任担当，面对大是大非敢于亮剑，面对矛盾敢于迎难而上，面对危机敢于挺身而出，面对失误敢于承担责任，面对歪风邪气敢于坚决斗争，真正做到守土有责、守土负责、守土尽责，用知重负重、攻坚克难的实际行动，诠释对党的忠诚、对人民的赤诚。

从政之基在于担当，对党忠诚就要为民造福。"为官避事平生耻。"习近平总书记指出，干部担当作为既是政治品格也是从政本分。干部干部，就要先干一步。"身在岗位不作为，拿着俸禄不干事，庸政懒政怠政，也是一种腐败"。对党忠诚不能停留在口头上，而是要落实在行动上。领导干部必须始终把人民放在心中最高的位置，坚持以人民为中心的发展思想，把人民对美好生活的向往作为奋斗目标。只要是为了党的事业、人民的利益，该做的事顶着压力也要干，该负的责冒着风险也要担，永葆共产党人一切为了人民利益、一切忠诚于党和人民的政治本色，让人民群众有更多获得感、幸福感、安全感，以实干实绩尽显全心全意为人民服务的担当。

42 以铁的标尺丈量干部忠诚度，方能把握准政治标准

"人之忠也，犹鱼之有渊。"忠诚是人生的底色，是党员干部须臾不可动摇的"生命线"。政治上是否忠诚始终是我们党选人用人

的首要标准，早在延安时期，毛泽东同志就提出"当老实人，讲老实话，做老实事"的要求。党的十八大以来，习近平总书记更是反复强调对党忠诚问题，无论是新时期好干部的标准还是"忠诚干净担当"的要求，都把忠诚放在第一位，切实把德才兼备的好干部选出来、用起来。

对党忠诚是最大的德，对党忠诚是根本政治担当。"万物得其本者生，百事得其道者成。"对党忠诚是党员干部的基本政治要求，是最根本、最重要的政治品格。习近平总书记指出，选人用人要突出政治标准。对党忠诚是选人用人的源头和风向标。全面建设社会主义现代化国家，必须着力打造政治过硬、具备领导现代化建设能力的领导班子和干部队伍。各级党委及其组织部门要坚持落实新时期好干部标准，坚持政治标准放在首位，树立正确用人导向，严格把好政治关、品行关、能力关、作风关、廉洁关，坚决把政治上不合格的人挡在"门外"，使选出来的干部德配其位、才配其位，进而引导广大党员干部做到在党言党、在党忧党、在党为党，坚定不移听党话、跟党走。

忠诚不绝对，就是绝对不忠诚。"若有尘瑕须拂拭，敞开心扉给人看。"习近平总书记指出："对党绝对忠诚要害在'绝对'两个字，就是唯一的、彻底的、无条件的、不掺任何杂质的、没有任何水分的忠诚。"忠诚只能对党，不能有二心；忠诚必须彻底，不能有所保留；忠诚必须纯洁无瑕，不容讨价还价。面对新时代的风险与挑战，党员干部任何时候都要对党高度信赖、与党同心同德，以忠诚为灵魂、为基石、为底线，知责于心、担责于身、履责于行，勇于担苦、担难、担重、担险，永葆对党表里如一、始终如一、知行合一的忠诚。

以忠诚论党性，以实干见忠诚。政治上敢不敢担当、能不能担当、有没有担当，最能检验党员干部的忠诚品格。习近平总书记强调："对党忠诚，不是抽象的而是具体的。"对党忠诚既是政治标准，更是实践要求，既看政治态度，更看实际行动，必须落实到一言一行、体现在一点一滴、贯穿于一生一世。在"两个一百年"的历史交汇点，在世界百年未有之大变局下，党员干部必须要对"国之大者"了然于胸，不断淬炼对党忠诚的政治品格，自觉做习近平新时代中国特色社会主义思想的坚定信仰者和忠实实践者，不断提高政治判断力、政治领悟力、政治执行力，用实际行动诠释对党的忠诚、对信仰的坚守、对人民的赤诚。

第三篇

怀为民之心

43 德才配位，方得始终；德不配位，必有灾殃

孔子在《周易·系辞下》有言："德不配位，必有灾殃；德薄而位尊，智小而谋大，力小而任重，鲜不及矣。"这句话告诫我们：一个人的道德修养要配得上自己所处的位置，否则，德行浅薄却地位很高，智慧很少却图谋大事，力量弱小却担负重任，这样的情况很少有不招致灾祸的。我们党历来强调德才兼备、以德为先。德包括政治品德、职业道德、社会公德、家庭美德等，领导干部要在这些方面都过硬，其中最重要的是政治品德要过硬。同时，要加快知识更新，加强实践锻炼，提升专业能力，不断增强干事创业的本领和实力。

德才配位，方得始终。德和才，是一个人安身立命、干事创业的基石。空袋子难以直立。"德"与"才"不够的人，注定干不成大事、成不了大业，即使侥幸登上高位、拥有财富，也守不了、护不了、长不了。尧、舜、禹三个统治者，因为德高望重而继位，也因为德足才强而让国家安定。相反，夏桀残暴，商纣王沉迷女色、

残害忠良、奴役百姓，周幽王"烽火戏诸侯"，最终都因德才不配位，把江山弄丢了、把祖宗基业弄丢了。对于领导干部而言，只有德过硬，才能始终对党忠诚，与党同心同德、与民同甘共苦；只有才过硬，才能胜任工作，以实实在在的业绩回馈党和人民。领导干部要常修为政之德，崇德向善，以德修身、以德润才、以德服人，始终依靠真本事、硬实力为人处世、做出实绩，让自己的德才与职位相匹配，真正干出有利于党和人民事业的政绩。

德才配其位，方能堪重任。东汉张衡在《应问》中说："君子不患位之不尊，而患德之不崇；不耻禄之不夥，而耻智之不博。"德崇、才高，是君子的标注；追位、羡禄，是德才不配位之人的通病。德是干部忠诚的前提和保障，才是干部忠于职守、履职尽责的基本要求。习近平总书记明确指出："好干部的标准，大的方面说就是德才兼备。"领导干部要自觉加强道德修养，明大德守公德严私德，时时处处重品性、作表率，自觉按照党性原则自我净化、自我完善、自我革新、自我提高，遵守法纪法规、严守纪律规矩，始终行得正、走得远；要自觉加强能力提升，加强思想淬炼、政治历练、实践锻炼、专业训练，增强本领实力，始终为民掌好权、用好权。

44 为官须从做人起，处世先自修身始

古人常说：修身、齐家、治国、平天下。修身是做好一切小事、大事的源头。"君子为政之道，以修身为本""先修身而后求

能""修己以安百姓"，在古人看来，修身、正己、立德不仅是做人处世之本，更是为官从政之道。做人如果没有德行修养，做官就不会有基础和威信。立身做人为官修德，是每个人尤其是领导干部终身的课题，必须认真思考并躬身实践，努力做"一个高尚的人，一个纯粹的人，一个有道德的人，一个脱离了低级趣味的人，一个有益于人民的人"。

做官先做人，做人先立德。做人是做官的基础，立德是做人的根本。习近平总书记强调："做人做事第一位的是崇德修身。""德不称其任，其祸必酷；能不称其位，其殃必大。"如果一个人对自己的德行要求不高，甚至连起码意义上的"人"都做不好，那么他是不配做官的。只有先做好人，才有做官的资格；只有把人做得堂堂正正，做官才有可能被国家、社会和人民所期待、认可。好人不一定能当官，但为官首先要是好人，有德有品的人才是好人。领导干部的一言一行对社会具有重要导向作用，要把做人的过程看成完善自我人格、夯实从政基石的过程，把做官的过程看作提升政德境界、践行为民宗旨的过程，只有永远做一个好人，牢固树立正确的世界观、人生观、价值观，才能去做官、做个好官，也才能"管好做官一阵子，守住做人一辈子"。

修其心治其身，养其德以立业。好的德行是一个人安身立命的精神保障，是干好事业的前提和基础，一个人要想真正在事业上有所成就，就必须自觉加强德行修炼。中华优秀传统文化最鲜明的特色之一，就是重视道德人格的修养，特别是官德官品官风的修养，对修身做人、为官用权等方面有严格的要求和约束。习近平总书记引用"修其心，治其身，而后可以为政于天下"，强调干部加强自身修养的重要性，可以说是为官从政的基本条件。只有先修心治身、充实德行，而后才能从政。"为官者'不患无位，而患德之不修'，'不患位之不尊，而患德之不崇'。"领导干部如果修身不严、官德缺失，不仅会给党和人民的事业造成极大损失，败坏党的形象，而且会使自己身陷囹圄。要在一点一滴、一言一行中正心明道，淬炼高尚的道德情操，恪守为官做人的道德本分，把自觉修身当作成长的必修课、干事创业的奠基石。

45 官品源于人品，政绩来自政德

人品是一个人的为人品格，官品是为官者的从政品德。做官的根基是做人，做人是基础、是前提，官品来自人品，人品就是官品。为人要讲品行，做官要讲政德。好的官品需要用好的人品去塑造，好的人品需要坚持不懈地自我锤炼。政绩与政德表里一体、有机统一，政绩是政德的社会实践和客观体现，政德是政绩的道义评价和价值目标，脱离政德讲政绩，就有可能背离党的初心和使命；脱离政绩讲政德，就容易成为流于形式的空洞说教。一个人的能力有大小，职务有高低，但人格不能小、人品不能低。领导干部不管当多大官，前提都要立足会做人、做好人，人品好、官品好，既追求符合政德的政绩，又修炼彰显政绩的政德。

品洁人自高，不端必翻船。人的外表犹如人的"面子"，而人

品，是人的"里子"，是一个人最硬的底牌、最高的"学历"、最大的竞争力。一个人有了高尚的人品，做人做事自然就能作出正确判断、作出正确选择，任何时候都能站得直、行得端、走得正，而且往往能受人尊敬、被人信任，人生的道路也会越走越宽阔敞亮。同样，领导干部只有人品高尚，才会有情怀、有大志、有格局，才能得到组织的信任、群众的支持，事业才会有大天地，人生才会有大气象。如果没有一流的人品作底子，从政肯定要跌跤。落马官员出问题往往不是出在能力上，而是出在官品上，政德堤坝一旦失守，其他问题必然接踵而至。人品之不高，总为一利字看不破。作为掌握公权力的领导干部，必须洁身自好，以良好的道德品行为群众带好头、领好向。

追求什么样的政德，就创造什么样的政绩。习近平总书记强调，领导干部有更高的道德境界，绝不是道德苛求，而是履行好党和人民赋予职责的内在要求。历史和实践证明，从政者常修为政之德，才可能创造出经得起历史和人民检验的政绩。没有政德的保障和支撑，一些劳民伤财的"学费工程"、有始无终的"烂尾工程"、华而不实的"形象工程"就容易滋生；离开政绩的体现和表达，一些冠冕堂皇的"纸面道德"、坐而论道的"表面文章"、无法兑现的"空头支票"就容易出现。唯有政德支撑起来的政绩，才能泽被社会、惠及民生；唯有政绩映衬出来的政德，才能散发光辉、令人信服。领导干部只有把政绩和政德统一起来，使之相得益彰，才能交相辉映。领导干部要牢固树立正确的政绩观，多做打基础、管根本、利长远的事，真正把好事办好、把实事办实；不贪一时之功、不图一时之名，发扬钉钉子精神，久久为功、善作善成。

46 明大德，对党忠诚，身正为范；守公德，一心为民，为民守正；严私德，勤业精业，为人周正

古人云："士有百行，以德为首。"无论做人、做事，还是做官，"德"都是第一位的，是人们立足于社会的"身份证"。政德体现的是领导干部的世界观、权力观和事业观，是事业成功的基础，是引领群众的旗帜。习近平总书记强调："立政德，就要明大德、守公德、严私德。"具体来说，就是心中有党明大德，对党绝对忠诚、表里如一、以身作则；心中有民守公德，守公众之德、公权之德，做到心底无私天地宽，一心一意为人民；心中有责严私德，约束自己的行为操守，爱岗敬业，做人正直、谦虚谨慎。

有大德才有大才，养大德方可成大业。"天下至德，莫大于忠"，这是领导干部首先要修好的大德。一般人无德，他再怎么坏，其破坏力也不会太大；而领导干部失德，就会影响很大，甚至危害人民利益、贻误党的事业。旗帜鲜明讲政治是共产党人最鲜明的品格。领导干部明大德，就是要筑牢理想信念、锤炼坚强党性，在大是大非面前旗帜鲜明，在风浪考验面前无所畏惧，在各种诱惑面前立场坚定，做到对党绝对忠诚，以良好形象赢得群众的信任和拥护，不断增强"四个意识"、坚定"四个自信"、做到"两个维护"。

公德之公在为民，用好公器谋公利。"德莫厚于爱民，行莫交

于利民"。当干部就是要多做造福于民的事，这是领导干部为官从政的基本准则和不懈追求。全心全意为人民服务是党的根本宗旨，领导干部无论职务高低、权力大小，都是人民的公仆，所掌握的都是公权力，只能用于为人民服务，这是领导干部必须具备的公德。领导干部守公德，就是要强化宗旨意识，全心全意为人民服务，恪守立党为公、执政为民理念，多谋民生之利、多解民生之忧，自觉践行人民对美好生活的向往就是我们的奋斗目标的承诺。

以德润身践初心，修身自律严操守。人之无德，行之不远。要想行得端、走得正，就必须涵养自身道德操守，明礼诚信、怀德自重。良好的道德品质是造就优秀领导的基础，失去了优良的个人私德，就谈不上为政之德，更谈不上公德心、责任感。领导干部严私德，就是要坚持勤业、敬业、精业，坚守高尚的职业道德，珍惜每一次为民用权、为民谋利的机会，爱岗敬业、只争朝夕、埋头苦干；就是要坚持从小事小节上加强修养，从一点一滴中完善自己，做一个知敬畏、明是非、守规矩的人，强化自我约束，始终不放纵、不越轨、不逾矩。

47 常修为政之德，常怀亲民之心，常立奋进之志，常存敬畏之念

领导工作是一门科学、一门艺术，不是人人都能当领导干部，也不是人人都能当好领导干部。现实中，有的领导干部盲目地自以

为是、自我感觉良好，专横跋扈、趾高气扬、态度恶劣；有的为一己私利无视群众利益，宗旨意识淡薄；有的在其位不谋其政，把职责、义务抛之脑后，只挂名、不负责、不做事；有的一味"放飞自我"，任性妄为、无所顾忌，长此以往，必将导致干部队伍人心涣散、丧失战斗力。领导干部必须常修为政之德、常怀亲民之心、常立奋进之志、常存敬畏之念，不能"三天打鱼，两天晒网"，这是基本的政治要求，也是对党和人民负责任的一种政治态度和做人准则。

人无德不立，官无德不为。良好的政德是领导干部的立身之本、从政之要、成事之基。有德才有职业操守、才有责任心、才会履职尽责。为官从政，在其位、谋其政、尽其责，天经地义，否则就是虚食重禄、尸位素餐，就是最大的失职，更是最大的失德。党和人民把领导干部放到重要岗位上，既是对领导干部的信任，更是赋予其使命。领导干部只有修好官德，才会忠于党和人民事业，才能真正为党和人民敢作敢为、甘于奉献，才能做到严用权、能律己、服众人，筑牢从政之基。

以亲民之心换群众真心，靠群众真心赢天下。密切联系群众是我们党的最大政治优势，脱离群众是我们党执政后的最大危险。党和人民群众是"鱼"和"水"的关系，是"种子"和"土地"的关系。领导干部能否亲民为民，是一个关系到人心向背和生死存亡的大命题。领导干部要自觉站在人民群众的立场上想问题、办事情，始终带着浓厚的感情去对待群众，想群众之所想，急群众之所急，谋群众之所需，解决好人民最急、最忧、最盼的问题，真心为群众办实事、增福祉，做到知民情、解民忧、纾民怨、暖民心。

人无志，无以立；不发奋，难有成。志向是成就一切的动力，奋斗是一切幸福的源泉。胸有凌云志，无高不可攀。有志向的人坚韧不拔、奋发进取，咬定青山不放松，不达目的不罢休，道路越走越宽阔，没有干不成的事。胸无大志的人不愿意付出、不愿意奋斗，什么事也干不成，注定一生平庸。领导干部要把个人志向与国家前途、民族命运结合在一起，把个人追求与事业需要和人民利益联系在一起，任何时候都"志坚如磐"，奋勇拼搏、苦干实干，用奋斗之力开启美好未来。

心有敬畏，行有所止。古人云："凡善怕者，必身有所正，言有所规，行有所止，偶有逾矩，亦不出大格。"心怀敬畏，做人就不会出格，做事就不会为所欲为，做官就不会让权力任性。反之，人一旦失控，就会变得随心所欲，必将一败涂地。习近平总书记多次要求领导干部心存敬畏。领导干部必须敬畏人民、敬畏权力、敬畏法纪，始终牢记权力是人民赋予的，只能用来为民办事，不能用来为己谋私，要时刻保持清醒头脑，过好自律关，保持"拒腐蚀、永不沾"的政治本色，坦坦荡荡作为，清清白白为官。

48　守正行权真事业，平矜节欲大功夫

人生道路上，不乏陷阱和诱惑，不可能一帆风顺、一劳永逸，站得越高，诱惑也就越多，危险挑战也就越多，要想不翻车、行得远，就一定要走正道，懂得谦逊和克制。历史上很多名垂青史的人

物，都是持身以正、处世以方，危难之际正气凛然的大丈夫；都是不骄不矜、节私寡欲，身处高位依然保持本心的真君子。领导干部要想做大事，正大光明才能走得长远，德行配位才能没有灾殃，如果贪图捷径，想要走歪门邪道，或是人逢利处难逃，心到贪时最硬，迟早是要吃大亏的。

人以正气立，事行正道远。大道至简，唯正是本。以正资政是为政之要、秉权之道。只有做到用权公道、思想纯正，办事公道、作风正派，待人公道、行为端正，才能靠崇高的人格去影响人、感染人，靠身体力行、身先士卒去吸引人、带动人。从政为官最大的正道就是清正廉洁、公道正派，公开公正行使权力，不搞"潜规则""关系学"，不搞特权特殊，这既是领导干部做人做事的道德底线，也是从政为官的纪律红线，偏离了这条正道，就是邪路歧途，就会越走越危险。领导干部要练就拒腐防变、抵制歪风邪气的"金钟罩""铁布衫"，始终自重、自省、自警、自励，慎独、慎微、慎欲、慎初，努力做到洁身自好、为人正派；要以公道正派取信于民，行得正、立得端、办得公，刚正不阿、敢于碰硬、敢于伸张正义。

不自满者受益，善寡欲者身轻。历览古今多少事，成由谦逊败由骄，成由节欲败由贪。现实中，有的领导干部傲气十足、自以为天下就他最厉害；有的领导干部人前清心寡欲、人后大肆敛财，丢失了共产党人应有的谦逊美德和自制力。对领导干部来说，谦逊既是精神境界，更是行为规范、党性原则、工作作风，是政德的重要体现，唯有保持虚怀若谷、谦虚低调的作风，才不会高高在上、脱离群众，才能站稳立场、不骄不躁、善作善成。同样，心不动于微利之诱，目不眩于五色之惑，始终崇尚高洁、淡泊名利，彰显了领导干部的高瞻远瞩和深谋远虑。领导干部要谦虚做人，放下架子、磨开面子、解开心结，时刻保持清醒头脑，持之以恒从小事小节上增强党性和道德修养；要克制欲望，管住自己、战胜自己，严防诱惑之"微"、蜕变之"渐"，及时"修剪"欲望枝丫，在廉洁自律、淡泊名利中书写人生的精彩篇章。

49 思想要纯正，处事要公正，为人要清正

中国的象形文字在表述"正"字时很有意思，上下左右中，五笔工整的笔画来表达对"正"的理解。"正"者，不偏不倚、合乎法则、顺乎道理、恰到好处。"正"其实就是一种正确的世界观、人生观、价值观。一个人把"正"看得高于一切，时刻保持清醒头脑、注重砥砺心志，身正影直、不贪不占，公道正派、公私分明，就能问心无愧、于心自安，行得正、坐得稳。反之，如果"正"字发生倾斜，思想不纯、品行不端、为人不公，最终必生邪心、走歪路、办坏事。"正"的背后是意志、是信仰、是道德、是品行、是素养，"正"的造就，需要领导干部不断地改造和砥砺。

思想纯正是保持言行先进的前提。思想是行动的先导，只有保持思想纯正，才能确保言行始终行走在正确的道路上，防止一些错误的东西近身附体，避免走弯路、跑偏路。思想不纯正，理想信念就不可能坚定，是非认识必然模糊，政治立场必然容易动摇。有没

有纯正的思想，不单纯是领导干部个人的问题，而是一个严肃重大的政治问题。领导干部必须始终保持对马克思主义的坚定信仰、对共产主义和中国特色社会主义的坚定信念，始终用党的创新理论特别是习近平新时代中国特色社会主义思想武装头脑、指导实践、推动工作，做到思想上坚定不移、行动上坚定不移。

公则不为私所惑，正则不为邪所媚。中国传统政治文化十分推崇"公"，认为"公生明""民不服我能而服我公"。习近平总书记曾引用"理国要道，在于公平正直"，告诫领导干部公正是领导工作的题中应有之义，为官从政当以公正为最重要的德行和品格。只有做到办事公平公正，事事出于公心，处处依照公心，时时公道正派，才能不被邪私所魅惑，从而扬威立名、赢得信赖。领导干部要始终在人情与原则的天平上站稳立场、守住原则，自觉将法规政策内化为心中的戒尺，一切按制度来、按程序走、按规矩办，做到"一碗水端平""一把尺子量到底"，以公正之心行事、干事、服务。

清正廉洁是为官做人的第一底线。习近平总书记指出："为政清廉才能取信于民，秉公用权才能赢得人心。"一个人能否做到清正，最大的诱惑是自己，最难战胜的敌人也是自己。自己打不倒自己，谁也打不倒你。管住自己、战胜自己，关键是能坚守防线、恪守准则，把纪律和规矩挺在前面。领导干部要防微杜渐，过好"诱惑关"，自觉远离和抵制各种诱惑，始终保持拒腐蚀、永不沾的政治本色；要洁身自好，过好"自律关"，经常扪心自问，自检自省、自我约束；要从善如流，过好"监督关"，自觉接受监督，始终让权力在阳光下运行。

50 公道正派的操守，公私分明的原则

在我国传统文化中，公道正派、公私分明一直是备受推崇的处事之道和为官哲学。汉朝选官讲求"公道立，奸邪塞，私权废矣"，唐朝对官吏制定"德义有闻，清慎明著，公平可称，恪勤匪懈"的"四善"考核标准，均体现了公正廉明的要义。习近平总书记指出，要像珍惜生命一样珍惜名节和操守。对于领导干部来说，公道正派是最基本的品行操守，公私分明是从政的基本原则，只有以公为道、持正为派，祛除私心杂念、杜绝以权谋私，才能永葆先进纯洁的本色，真正把权力用到该用的地方。

公道正派，不以利害移操守。古人讲"观操守在利害时"，一个人的政治操守和品德操守如何，当面临利害冲突的时候就会暴露无遗了。领导干部手握公权力，在选人用人、资源调配时享有一定话语权，如果做不到公道正派，会对社会公平竞争、党和政府的形象带来非常大的负面影响。可见，公道正派是对领导干部政治品质、思想作风、职业道德、价值观念的核心要求，更是党性要求。领导干部既要正人，更要正己，公道正派的内涵就是对己清正、对人公正、对内严格、对外平等。要内心纯正，自觉摆正"三观"，做到襟怀坦荡、清清白白；要处事公正，坚持党性原则，按纪律规矩办事，按规章制度办事，不以私情废公事；要用人公道，坚决破除成见、偏见、短见，拒绝"潜规则"，着眼事业发展需要，把德才兼备的人选任上来；要待人公平，互相尊重，一视同仁，不能"双重标准"、厚此薄彼。

公私分明，不拿原则换人情。《中国共产党廉洁自律准则》第一条规定"坚持公私分明，先公后私，克己奉公"，就是要求领导干部把公私分明作为对自己最起码的要求，守住了这个基本原则，才可能洁身自好、不迷失方向，才能为党和人民执好政、用好权、担好责。现实中，一些领导干部在公与私的关系问题上常常"模棱两可"或"打擦边球"，认为用公车办一次私事、花公款请一回朋友、借公权为亲朋安排一份工作都是人之常情，无可厚非，殊不知个人与公家彼此不分、人情与原则搅和在一起，往往就是走向违纪违法的开端。公私不分，折射出品位不高、原则性不强、自身要求不严，对党的公信力、组织的公信力杀伤极大。领导干部必须时刻做到公私分明、克己奉公、严格自律，不仅要把"公"列于"私"前，而且要把"私"控制在法律和政策规定的范围内。

51 当官有私难公道，从政无为不服人

公与私、功与过是贯穿人类社会的政治哲学和思想道德命题。对手握公权力、担当历史使命的领导干部来说，从走上领导岗位起，就时刻面临着公与私、有无作为的考验，能不能处理好公与私的关系、平衡好公与私的天平、拿捏好公与私的分寸，能不能在其位谋其政，任其职尽其责，体现着干部的胸怀、勇气和格调，更是对其政治品格和能力作风的检验。"政在去私，私不去则公道亡""为官不为即为耻，在位平庸即为辱"，领导干部必须去私存

公、干出一方政绩，方能坦荡做人、谨慎用权、以绩服人。

公道来自公心，以权谋私必有祸根。 公心归根到底是对党、对人民、对事业的责任心，是一种坚持原则、实事求是、敢于负责、公正无私的底气。"心底无私天地宽。"出于公心方能干大事，用公心才能凝聚民心。共产党没有自己的私利，全是为老百姓。只有始终执有一颗公心，时刻保持正气充盈，才能为党和人民执好政、用好权、担好责，也才能始终守正理、走正道。"私心胜者，可以灭公。"一念私贪，万劫不复。为官者私心膨胀，公私天平就会倾斜，党性就会丧失，就会不讲原则讲关系、不讲纪律讲人情，就会失去公道、失去民心。领导干部要不徇私情、实事求是、客观公正；要不谋私利，树立正确的权力观、地位观和利益观，不以私利废公事，不拿原则做交易，不给投机钻营者有可乘之机，时刻保持如履薄冰、如临深渊之感，不存非分之想，不越雷池半步。

做人宁可一生不仕，为官不可一日无为。 毛泽东同志曾说，共产党人不是要做官，而是要革命。做事在前，做官在后；事业为重，官位为轻，应是领导干部的人生选择和价值追求。为官避事平生耻，视死如归社稷心。当官就意味着责任和奉献，如果抱着混的思想当官，必然是思想上稀里糊涂、政治上随波逐流、能力上让人质疑、事业上无所建树。没有政绩的干部不配当干部，实打实的成绩才能服众，必须把政绩体现在人民的幸福里、把功德建于群众的口碑中、把誓言融入执政为民的行动中，用群众的满意度、获得感来衡量工作效果。既要有立竿见影、能出成绩的"显绩"，更要有打基础、利长远的"潜绩"，追求实实在在的发展，创造实实在在的政绩，真心实意为群众办好事、做实事，不喊哗众取宠的空洞口号，不做华而不实的表面文章，不提脱离实际的指标要求，以实实在在的政绩，得到群众的支持和拥护。

52 靠人格树威信威信顶天，靠权势耍威风威风扫地

领导工作有三重境界：一是力服，具有权力的力量，让人不敢不服；二是才服，具有真理的力量、思想的力量，工作能力也比别人高出一筹，让人不得不服；三是德服，拥有人格的力量，让人不忍不服。习近平总书记指出："人格要正，有人格，才有吸引力。"有专家认为，领导者的成功，是由99%的人格魅力与1%的法定权力构成的。一个有人格魅力的领导干部，总是不怒自威、不令而行，干部群众自然就会心悦诚服；反之，只靠权力去压服人、支使人，权力再大，工作都是被动的，最后权失则威尽散。

树高者鸟宿之，德厚者士趋之。古人云："位高，得人尊敬是一时的；德高，得人尊敬是永恒的。""惟贤惟德，能服于人。"有高尚品德的人本身就有令人折服的人格魅力。人格魅力是一种权力之外的影响力。优秀的领导干部，无一例外都具有鲜明的人格魅力。习近平总书记指出："人格魅力是领导干部人品、气质、能力的综合反映，也是党的干部所应具备的公正无私、以身作则、言行一致优良品质的外在表现。"当前，一些领导干部在群众中威信不高，缺的不是文化水平，而是精神境界，弱的不是工作能力，而是

人格魅力。领导干部要吸引人、凝聚人、感召人，必须具有人格魅力，唯有人格魅力才富有生命力。自身公道正派，敢于奉献，以身作则，秉公处事，则清气自生，"魅力"自然彰显，也就自然赢得同事和下属发自内心的服气。

为官半纸空文，何须作威作福。靠权势要威风实质上是"官本位"主义和特权思想在作祟。权力不是肆意妄为的资本，习近平总书记多次强调，坚决反对特权现象，权力是用来为人民办事的，而不是拿来抖威风的，告诫领导干部要与特权思想绝缘。列宁同志曾说："保持领导不是靠权力，而是靠威信、毅力、丰富的经验、多方面的工作以及卓越的才能。"靠权力发号施令，可以使人服从，但绝不会使人服气。领导干部来头再大也大不过规矩，耍官威失初心更失民心，千万不可以有权力、地位上的优越感，认为自己高人一等，必须静下心来想一想、问一问"为了谁、依靠谁、我是谁"，杜绝"狂妄心"，少一些戾气、霸气和官气，多一些地气、民气和正气，守正如初，心有江河。

53 立身不忘做人之本、为政不移公仆之心、用权不谋一己之私

淮安周恩来故居处有其手植蜡梅一株，虽已逾百年，仍枝繁叶茂、高比屋肩，人称"一品梅"，大概寓意有三：蜡梅，花中一品；总理，位至一品；德行，举世一品。回顾周总理光辉的一生，官居

一品却官而不显、劳而无怨，德高一品却死不留灰、去不留言，其大智、大勇、大德、大才，齐化作这株一品古梅遗爱在人间，滋养了一代代共产党人，为领导干部安身立命、为官从政提供了映照自我、躬身反省的标杆。领导干部立身不忘做人之本、为政不移公仆之心、用权不谋一己之私，这是共产党人应有的政治本色，也是为官从政必须涵养的政治品格。

人而无信，不知其可也。习近平总书记指出，人无信不可，民无信不立，国无信不威。诚信，是一种品格，是一个人安身立命之本。诚信，是一种责任，是国家友好交往的前提。人与人交往在于言而有信，国与国相处讲究诚信为本。诚信是一切道德的根基和本原，是我们的立身之本、处世之宝。做人不诚信，做什么都可能做不成、做不好、靠不住，只有诚实无欺才能赢得他人尊重、在社会上站稳脚跟。领导干部要自觉讲诚信，说老实话、办老实事、做老实人，对党忠诚老实，对群众忠诚老实，做到台上台下一种表现，做到"言必行，行必果"，让组织和领导放心、让同事真正喜欢信任。

位卑未泯济民志，权重不移公仆心。民为衣食父母，官是人民公仆。为政之道，以顺民心为本、以厚民生为本、以安而不扰民为本，这是亘古不变的道理，也是对领导干部的基本要求。民之所忧，官之所思；民之所思，官之所行。领导干部要保持为民之心，心系万家忧乐、民生冷暖，为民请命、为民解难，把人民对美好生活的向往作为奋斗的目标，把增进人民福祉、促进人的全面发展作为衡量工作的标准，全心全意为人民服务；要创造为民政绩，恪尽职守、勤勉工作，把精力用到谋发展上，把心思用到求实效上，把劲头用在抓落实上，为一方经济发展，为一方百姓造福。

一心为公自会宠辱不惊，两袖清风始能正气凛然。无私则正，无我则善。离私心越远，离民心才越近。为官从政，必须祛除私心杂念，杜绝以权谋私，这绝不是一个无关痛痒的小问题，而是一个事关党的兴衰存亡、国家长治久安的大问题。领导干部要正确处理公与私的关系，牢记权力姓公不姓私，只能用来为党分忧、为国干事、为民谋利，秉公用权、依法用权、为民用权，做到公平、公正、公开；要时刻用"正"的要求来规范自己，常行公道之举，常言公道之语，不偏不袒，不私不我，不畏不媚，做到襟怀坦荡，对党和国家负责，对人民负责。

54 意莫高于爱民，行莫厚于乐民

习近平总书记强调，我们一定要与人民心心相印。爱民者民恒爱之，乐民者民亦乐之。焦裕禄同志爱民乐民，心里始终装着群众，一门心思为群众办实事，深受群众爱戴。他上任的第一件事不是开会，而是下乡访贫问苦；他开县委会的第一件事不是讲话，而是到火车站看望灾民；他把自己当成人民的儿子，在漫天风雪中走村串户为群众送钱送粮。领导干部就是要在思想深处树立爱民亲民意识，深怀爱民之心，恪守为民之责。

始终做到心中有民，把人民放在心中最高位置。"民惟邦本，本

固邦宁。"党的风雨历程告诉我们，人民群众始终是我们党存在和发展的基础，是我们党力量和智慧的源泉，必须保持党同人民群众的血肉联系，把爱民贯彻工作始终。领导干部只有始终坚持公仆本色，不断锤炼亲民、爱民、为民的优良作风，真正做到心系群众、热爱群众、服务群众，才能赢得民心民意、汇聚民智民力，始终与人民心连心、同呼吸、共命运。领导干部要始终站在最广大人民群众这一边、站在历史正确的这一边，始终坚持一切为了人民、一切依靠人民，把民心当作最大的政治，把人民作为执政的最大底气；要坚持以人民为中心的发展思想，不断促进人的全面发展、全体人民共同富裕，把人民对美好生活的向往作为自己最大的奋斗目标，始终坚持让发展的成果由人民共享，让人民群众在共享发展成果中有更多获得感、幸福感和安全感。

始终坚持人民至上，践行全心全意为人民服务宗旨。中国共产党为什么"能"？根本原因在于中国共产党始终与人民心心相印、与人民同甘共苦、与人民团结奋斗，把人民的利益当成自己的利益、把人民的快乐当作自己的快乐，我们才拥有面向未来、面对挑战、永立潮头的不竭动力。作为领导干部，要对群众有心，把群众的安危冷暖挂在心上，放下架子、俯下身子、耐下性子，必须坚持全心全意为人民服务的根本宗旨，诚心诚意地为人民群众办实事、做好事、解难事；要对群众用心，把改善民生、造福群众作为工作的第一追求，不断增强为群众服务的思想自觉和行动自觉，多干群众急需的事，多干群众受益的事；要和群众将心比心，把群众呼声、群众需求作为干事创业的第一信号，在思想上尊重群众、感情上贴近群众、工作上依靠群众，把事情办到群众心坎上，践行全心全意为人民服务的根本宗旨，以真心换取真心。

55　为官，常担为民之责，站得正直；执政，常谋富民之策，行得坦然；掌权，常循法纪之规，寝得安稳

习近平总书记指出："脚踏在大地上，置身于人民群众中，会使人感到非常踏实，很有力量。"为官执政掌权，出发点和落脚点都是全心全意为人民服务，党的全部工作的价值也聚焦于人民群众，人民对美好生活的向往就是我们的奋斗目标。领导干部只有时常想人民之所想、急人民之所急，心怀敬畏、权为民所用，才能脚踏实地、行稳致远。

只有始终拎着"乌纱帽"为民干事，才能身正为范。"衙斋卧听萧萧竹，疑是民间疾苦声。些小吾曹州县吏，一枝一叶总关情"。古往今来，一切有志于国家发展、民族振兴的志士仁人，无不保持着为民的博大胸怀，殚精竭虑，夙夜在公。作为领导干部，必须自觉把为实现人民群众意志、谋求人民群众利益作为工作出发点和落脚点，担起发展之责，主动谋发展，推动人民生活富裕、国家强盛；担起平安之责，践行好总体国家安全观，加强社会治理，让群众安居乐业；担起文化之责，牢牢把握党对意识形态工作的领导权，引导群众树牢社会主义核心价值观，引导群众创造健康快乐美好生活；等等。

只有始终为官一任造福一方，才能行无负担。人民群众的拥护和支持是党的胜利之本和力量源泉。领导干部只有清醒认识"我是谁"，摒弃"官本位"思想，始终与人民心心相印、与人民同甘共苦、与人民团结奋斗，推动人民生活更加富裕，让人民对美好生活的向往梦想成真，才能心底踏实、怡然自得。领导干部要始终坚持问政于民、问计于民、问需于民，与人民面对面交流、心与心沟通，始终站在人民群众的立场上想问题、做决策、办事情，切忌擅自替群众做主、代群众决策，更不能搞强迫命令；要善于启发群众、教育群众、组织群众、引导群众、提升群众，做给群众看、带着群众干，最大限度地激发群众的创造热情，把群众实践的智慧和力量融入科学谋划全过程，凝聚起推动高质量发展的强大合力。

只有始终依法依规为民用权，才能吃得香睡得安。心中有戒，行有所止。守法纪是社会各项事业有条不紊推进的根本保证，更是领导干部为官用权的根本底线。各级领导干部手里都有着大大小小的权力，应该有如临深渊、如履薄冰般的戒惧，有权不可任性。领导干部要牢记手中的权力是人民赋予的，是用来干事创业的，不是用来谋取私利的，始终做到党纪国法的红线不能碰，品德道德的底线不可破；要始终严格要求自己，把好权力关、美色关、金钱关，始终做到清清白白做人、干干净净做事、坦坦荡荡为官。

56 把群众呼声作为"第一信号"，把群众需求作为"第一选择"，把群众利益作为"第一考虑"，把群众满意作为"第一标准"

领导干部所从事的一切工作，归根结底是为人民服务的。习近平总书记指出，群众利益无小事。对群众来说，身边每一件琐碎的小事，都是实实在在的大事，有的甚至还是急事、难事，是关乎群众切实利益的事。倾听群众呼声，回应群众需求，实现群众利益，让群众满意，是领导干部为官从政的根本要求，也是我们党执政的出发点和落脚点。

民生无小事，枝叶总关情。无论是大事小事，只要是涉及群众利益的事情，都要坚持把群众满意作为第一标准，这不仅是态度问题、感情问题，更是政治立场、政治本色问题。焦裕禄同志刚到兰考县担任县委第二书记时，发现火车站救灾物资堆积如山，而当地灾民却得不到及时救济，大批灾民逃荒，他便主动率领县委干部去火车站卸货、发货，将救灾物资发到群众手中，确保灾民得到救济。焦裕禄同志把群众的事作为最大事的执政理念，充分反映了共产党人的为民情怀。全心全意为人民服务是我们党的宗旨和性质，也是我们党的光荣传统。然而，当前，一些领导干部对群众愿望不上心，对群众生活不关心，对群众疾苦不动心。这些做法背离了立党为公、执政为民的宗旨。只有继承发扬党的优良传统，牢固树立群众之事无小事、群众的事就是大事的思想认识，才能切实维护好人民群众的根本利益。

　　想群众之所想，急群众之所急。毛泽东同志曾说，我们走到哪里，都不要忘记为民兴利除弊。我们共产党的干部战士，就是为人民服务的。只有把群众的事当作自己的事来办，才不至于让惠及百姓的好事沦为"画饼""鸡肋"，才不至于让有利发展的好政策变成"空中楼阁"。领导干部要牢固树立"群众满意是第一标准"的政绩观、事业观和工作观，从思想上高度重视，在行动中坚决秉持，始终把民意作为政策制定、工作部署、绩效评判的重要依据，使各项工作始终顺应群众要求、符合群众意愿；要深入细致体察民情、真情实意关注民生、立行立改反映民意，集中解决关系群众切身利益问题和联系群众"最后一公里"问题，当好群众利益的守护者、创造者；要始终拥有执政为民的勇气和决心，力戒形式主义、官僚主义，由动动嘴、迈迈腿改为伸出手、迈开腿，把更多的时间和精力用于深入农村、社区和企业，在基层一线真正体会群众疾苦，下大力气解决好群众反映强烈的突出问题。

57　对国之大者心中有数，对民之关切丝发必兴

　　习近平总书记强调："让人民生活幸福是'国之大者'。""国之大者"，事关党和国家事业全局、大局、根本、未来，事关方向方位、事关关键要害、事关行稳致远。让人民生活幸福是"国之大者"，充分体现了我们党全心全意为人民服务的根本宗旨，充分彰显出我们党坚持人民至上的执政理念和价值追求，深刻揭示了我们党

历经考验磨难无往而不胜的"政治密码"。领导干部要把"国之大者"内化于心、外化于行，牢记责任使命、坚持慎思笃行，想群众之所想、急群众之所急，始终把人民的安居乐业、安危冷暖放在心上。

群众的小事都是国家的大事。群众的一桩桩"小事"，是构成国家、集体"大事"的"细胞"，小的"细胞"健康，大的"肌体"才会充满生机与活力。《共产党宣言》指出："共产党人不是同其他工人政党相对立的特殊政党。他们没有任何同整个无产阶级的利益不同的利益。"习近平总书记指出，我们党没有自己特殊的利益，党在任何时候都把群众利益放在第一位。这是我们党作为马克思主义政党区别于其他政党的显著标志。党团结带领人民进行革命、建设、改革，根本目的就是让人民过上好日子，无论面临多大挑战和压力，无论付出多大牺牲和代价，这一点都始终不渝、毫不动摇。让人民生活幸福是"国之大者"，要求我们必须坚持以人民为中心的发展思想，始终与人民同呼吸、共命运、心连心，始终把人民对美好生活的向往作为奋斗目标，充分彰显我们党历久弥新、永不褪色的初心使命。

办好一桩桩小事，做好一件件实事。知屋漏者在宇下，知政失者在草野。历史教训深刻启示我们，一切脱离人民、偏离人民、背离人民的政治力量，终究会走到人民的对立面，失去人民的支持。读懂人民幸福生活背后的"指数密码"，必须坚持时时事事问计于民，真抓实干解民忧、纾民怨、暖民心，力戒形式主义、官僚主义，始终与人民想在一起、干在一起、风雨同舟、同甘共苦，永远保持同人民群众的血肉联系、鱼水深情；必须不断提高人民生活品质，顺应人民对美好生活的新期待，多措并举、多管齐下，维护群众合法权益，扎实推动共同富裕，不断增强人民群众获得感、幸福感、安全感；必须加快补齐民生领域短板，把民生领域短板问题一个一个解决好、一件一件抓落实、一年接着一年干，实现幼有善育、学有优教、劳有所得、病有良医、老有颐养、住有宜居、弱有众扶。

58 做官先做人

习近平总书记强调："做官先做人。"对党员干部的要求都要比一般人高，做人不合格，当官必定也不合格。可靠的领导干部，首先必须是可靠的人。要淡泊名利做"大写的人"，要心系群众做"贴心的人"，要心静如水做"可敬的人"，要与时俱进做"有朝气的人"，要事业为重做"有作为的人"。

学会做人是人生的主题，做人成功是最大的成功。习近平总书记强调："要会做人，做好人，注意自己的言行举止，珍惜自己的人格魅力。"做官一阵子，做人一辈子。做一个什么样的人，自古以来就是一个广受关注的话题。当前，一些领导干部信念动摇、诚信缺失、品行不端、趣味低俗，特别是少数领导干部违法乱纪、腐化堕落，其中一个重要的原因就是人做得不好。把人做失败的结果就是事业失败、整个人生都失败。好人不一定是好官，但好官必须首先是好人。做人是做官的前提，做人是篇大文章，如何修身做人是每一位领导干部都要认真思考并躬身实践的大课题。领导干部只有经常反省反思，常思做人之道、常念贪欲之害、常怀律己之心，才能真正成为一个合格的人，进而才能把官当好。

把人做大做好，把事做实做细。做一个什么样的人，是我们大家都要思考的终身课题。领导干部在为人处世上必须认识高一层、学习深一步、实践先一着，始终坚持"要求别人做到的自己首先做到，要求别人不做的自己绝对不做"，才能用自己的身影影响人、感召人、带动人。领导干部要淡泊名利，树立正确的名利观，不求虚名，一心为公、默默奉献，吃苦在前、享受在后；要心系群众，时刻想群众之所想，为群众排忧解难，获得群众认可；要心静如水，不随物流、不为境转，经得起挫折，耐得住寂寞，坐得住冷板凳，随时提醒自己慎独自律，保持头脑的清醒，保持坚定的决胜定力，在大是大非面前保持坚定的立场；要与时俱进，切实加快知识更新、优化知识结构、活跃思维、开阔眼界、拓宽视野，使自己的理念思维紧跟时代步伐，努力提高发现新现象、研究新情况、解决新问题的能力水平；要以事业为重，珍惜每一个岗位，珍惜每一次锻炼机会，在干中学、学中干，坚持把个人理想和组织需要、人民期待结合起来，把做事与做"官"统一起来，自觉为党和国家事业贡献智慧和力量。

59 凡是视名节如生命者，都能在逆境之时巍然不倒，诱惑面前淡然处之

明代贤臣于谦曾说："名节重泰山，利欲轻鸿毛。"古往今来，

这种重名节的品格，令人信从。名节何以有如此强的穿透力？关键就在于它以高洁养心、以信念养性。有之则身处贫困逆境而不卑贱，立风雨之中安稳如山，面对诱惑岿然不动。因此，古人称名节如"日月经天，江河行地"，是"不拔之基也"，凡君子志士"所守者道义，所行者忠信，所惜者名节"。从壮志难酬、愤然投江的屈原，到胸怀天下、精忠报国的岳飞；从坚忍不屈、秉持汉节的苏武，到拒绝劝降、视死如归的文天祥，都以报国之大义情怀而德音流百世、英名垂青史。

名节如璧不可污，士崇名节道方兴。崇尚名节是中华民族的精神基因，亦为滋养民族灵魂的厚德文化。作为领导干部，名节赋予我们更高的内涵，是理想信念坚定的政治品质，是为民、务实、清廉的为政守则，更是克己奉公、淡泊名利的高尚情操。但现实中，领导干部的名节面临诸多考验。有的人弃名节如敝屣，面对金钱美色的诱惑，来者不拒，有钱就是爹，有奶便是娘；有的人什么都有，唯独丢了名节，贪欲无度，到处伸手，甚至沦落成为虎作伥的工具，要他干什么他就干什么。领导干部不守名节，自甘堕落或是被"围猎"，必然会损伤党的肌体，危害党的事业。领导干部只有把名节视为生命，接受组织监督，断诱惑于"始"、绝蜕变于"隐"，以"名节重泰山，利欲轻鸿毛""国而忘家，公而忘私"的气节操守为人生信条，才能守住人生的根本，在五光十色的诱惑和各种风浪考验面前岿然不动，成就共产党人的高风亮节，我们党也才能经受住长期执政的考验。

珍惜名节、注重操守、干净为官。习近平总书记指出，党员干部要像珍惜生命一样珍惜名节和操守。名节重于泰山，领导干部必须树立正确的名节观。要认真学习马克思主义基本理论、中国特色社会主义理论体系，补好精神之"钙"，拧紧世界观、人生观、价值观这个"总开关"，不断增强"四个意识"，坚定"四个自信"，做到"两个维护"，始终对党忠诚，铸就名节之魂；要谨记"当官发财两条道，当官就不要发财，发财就不要当官"，清清白白做人，干干净净做事，始终清廉干净，筑牢名节之基；要把"真干"作为本分，把"实干"作为责任，把"苦干"作为追求，始终敢于担当善于担当，夯实名节之本。

60 唯德唯廉唯实，尽心尽职尽力

党的十八大以来，习近平总书记高度重视领导干部修身立德问题，要求领导干部为官有官德，做事担当尽责。做官、做事相互关联，互为因果、相辅相成，有着紧密的内在联系，古人"修身、齐家、治国、平天下"就很好地诠释了做官、做事之间的关系与内涵。领导干部就是要在实践中把做官与做事统一起来，把做官的过程作为提升政德境界的过程，把干事创业的过程作为践行为民宗旨的过程。只有坚持涵养以德为先、清正廉洁、求真务实的官德，把心思和力气花在干事创业上，尽心尽职尽力抓落实，才能有所成就。

德高廉洁心无病，求真务实业有成。中华文明源远流长，历来强调"厚德载物""官不廉则败""事莫明于有效"，始终把立德、

树廉、求实作为做人、做事、做官之根本，成为领导干部官德的标配。在新时代，领导干部加强官德修炼尤为重要，事关党和人民事业发展，影响整个社会的道德风气、政治生态和干事创业的环境，是个人成长、国家兴旺、为官从政的基础和前提。很多领导干部出问题都是由于官德不正，不讲政德、不廉洁、不务实。对党不忠诚，严重违背党的政治纪律和政治规矩，搞"两面派"、做"两面人"，严重违背了党的组织原则和组织纪律；对人民不忠诚，利用职权非法敛财、纵容亲属擅权牟利，损害人民利益；对事业不忠诚，只想以权谋私，对办实事、求实效漠不关心。领导干部必须以德正身，加强道德自律，坚守道德底线，牢记"堤溃蚁孔，气泄针芒"的古训，坚持从小事小节上加强修养，从一点一滴中完善自己，严以修身，明心正道，防微杜渐，时刻保持人民公仆本色；必须以廉律己，做到慎独慎初慎微慎欲，培养和强化自我约束、自我控制的意识和能力，管好自己的生活圈、交往圈、娱乐圈，增强拒腐防变的免疫力；必须以实立业，坚持说实话办实事求实效，始终把人民安居乐业、安危冷暖放在心上，努力办好各项民生事业，在推动高质量发展中履职尽责。

在岗一分钟，战斗六十秒。岗位就是责任，有责就要担当，担当必须尽心尽职尽力。习近平总书记强调，干部要做到责任过硬，以钉钉子的精神担当尽责，真正做到对历史和人民负责。钉钉子不是一锤子就能钉好的，只有一锤接着一锤敲，才能钉实、钉深、钉牢。尽心尽职尽力就是要发扬钉钉子精神，锲而不舍、持之以恒，常抓不懈，久久为功。实际工作中，有的领导干部认为自己把问题提出来，把工作布置下去，就尽到责任了，不管落实的效果；有的把说了当做了，把做了当做成了；有的工作顺利就进一步，遇到困难就退两步；等等。最终的结果就是失职失责，辜负组织和群众的重托。领导干部必须始终担起担好该担的责任，尽心尽职尽力干好每一项工作，决不让机遇在犹豫中丧失、发展在彷徨中停滞、差距在喟叹中拉大。要有"只争朝夕"的精神，坚决摒弃"等靠要"思想，破除"安贫乐道"陋习，爱岗敬业、夙夜在公，做到"朝受命、夕饮冰，昼无为、夜难寐"，做到人在岗上、身在事上、心在责上，集全部心思于工作，倾一切才智于事业，不因碌碌无为而悔恨。

61 事到盛时须警省，境当逆处要从容

常言道："宝剑锋从磨砺出，梅花香自苦寒来。"人生难免会经历顺境与逆境，若能积极面对，辩证看待，便能有面朝大海，春暖花开般的人生境界。正如英国哲学家培根所说："幸运所需要的美德是节制，而厄运所需要的美德是坚忍，后者比前者更难能可贵。"领导干部要能正确对待顺境和逆境，顺时保持清醒、逆时保持淡定乐观。

安而不忘危，越是顺风顺水越要战战兢兢。习近平总书记要求领导干部学春秋时期宋国大夫正考父"一命而偻，再命而伛，三命而俯"，始终谦虚谨慎、戒骄戒躁，越到盛时越要低调谨慎，注重

防范隐患和风险。忧患意识是中华民族的宝贵精神财富，也是中国共产党人取得革命胜利的重要思想武器。"四种考验"无所不在，"四种危险"警钟长鸣。在新的历史时期，形势复杂多变，在高质量发展中，我们只有居安思危，随时保持高度的警惕性和冷静的忧患意识，才能不断夺取改革开放和建设中国特色社会主义的新胜利。作为领导干部，务必时刻保持顺境之忧，强化问题意识，居安思危，未雨绸缪，越是如意如愿的时候越要戒慎恐惧，越是平安平稳的时候越要如履薄冰，这样才能清醒认识形势，敏锐洞察端倪，防微杜渐，规避风险，确保行稳致远。

在逆境中逆袭，越是艰难曲折越要泰然处之。习近平总书记强调："志不求易者成，事不避难者进。"艰难困苦，玉汝于成。不经历非常之事，难以成非常之才。中国共产党正是在一次次血流成河、濒临绝境的逆境中顽强拼搏，最终力挽狂澜、绝处逢生。邓小平在"三落三起"的曲折政治生涯中，表现出了伟人的坚定信念、超人的坚强意志，成为当今各级领导干部加强自我修养的典范。道路是曲折的，前途是光明的。逆境虽然让人痛苦，但经受挫折失败，可以增加人生"财富"，磨难同时也是磨炼。人生之路不可能一帆风顺，领导干部亦是如此。面对挫折和困难，必须以强大的身心从容处之，坚决克服。领导干部要学会保持韧劲，不断用正面思维鼓励自己，发扬逢山开路、遇水架桥的精神，要敢于啃最硬的骨头，善于接最烫的山芋，在难事急事中经受摔打，勇往直前，持之以恒，用信心去克服一切困难；要培养在困苦中乐观、在艰难中崛起、在坚持中奋进的心态、勇气和意志，始终坚持不忘初心、牢记使命，继续前进，坚定理想信念，牢记全心全意为人民服务的根本宗旨，始终保持不怨不弃之态，在服务党和人民事业过程中保持乐观自信的行动姿态。

62 宁静才能致远，平心才能静气，静气才能干事，干事才能成事

习近平总书记强调，领导干部要做到"有容乃大、无欲则刚，淡泊明志、宁静致远"。在中国传统文化中，素有教人做到"静"的传统。老子的"致虚极，守静笃"，诸葛亮的"夫君子之行，静以修身，俭以养德，非淡泊无以明志，非宁静无以致远"，等等，都说明一个道理：人生在世要善养静气。

静而后才能安，安而后才能虑，虑而后才能得。宁静、平心、静气，是一个人修养和品德的外在表现，也是一个人淡泊低调的内在反映。习近平总书记曾在《之江新语》中谈道，领导干部做事浮躁，祸国殃民，贻害无穷。古人云："心浮则气必躁，气躁则神难凝。"领导干部是党和人民事业发展的骨干力量，其作风如何，直接关系党的形象。领导干部静不下来，不能平心静气工作，就会得"浮躁病"，无法深入实际，不愿打基础、使长劲、求实效，最终必然会导致脱离实际，脱离群众，官僚主义盛行。领导干部一旦滋长了"浮躁病"，就会使喧嚣代替宁静、浮华代替朴实、追风逐浪代替独立思考，就必然贪图虚名，不求实效，甚至劳民伤财，决策拍

脑袋，办事拍胸脯，出事拍屁股，最终贻误党和人民的事业。只有做到宁静专注、平心静气，才能少些盲目武断，多些清醒慎重；少些手忙脚乱，多些淡定从容；少些追名逐利，多些埋头苦干，做到奋发有为而不计名利，廉洁奉公而不计得失，努力创造出无愧于人民、无愧于时代的崭新业绩。

以平心促静气，以静气促事成。做到平心静气，是一种修养、一种能力、一种智慧，更是一种决定成功与否的关键因素。心宁气静的过程，实则是凝聚智慧、凝练思维、凝集精髓的过程。领导干部能否保持宁静，特别是遇到重大突发事件时，能否保持镇定自如，沉着应对，不仅是其素质能力的体现，更是对其能否担当重任的一种考验。只有多涵养些许静气，在涵养静气中开茅塞、养性情、省吾身、拓胸襟，才能真正做一名合格的领导干部。领导干部要在学习中涵养静气，多读书、读好书、善读书，真正通过读书，养成神闲气静、心无旁骛的好习惯，从而去除功利心理，开启人生的大智慧；要在淡泊中涵养静气，自觉把个人理想追求融入国家和人民的事业中去，任期有限、工作无限，当官一阵子、做人一辈子，不升职照样干好自己该干的工作。

63 要理智地看待名利，大气地对待得失，静气地正视进退，冷静地面对成败

不同的人面对人和事，会抱有不同的心态，领导干部也是如

此。平常心是一种积极的心态，是生命的阳光雨露，能激发高昂的情绪，凝聚顽强的意志，可以使人理智、大气、静气、冷静、科学地面对一切人和事；缺乏平常心，生命犹如惹到慢性杀手，会使人泯灭希望。习近平总书记反复强调领导干部要保持良好心态，才能更好行稳致远。

品以高尚为境，心以平常为佳。人生在世，金钱、名利、地位，生不带来、死不带去，如果对每件事都斤斤计较、盘算利益，那么永远也无法走出名缰利锁的牢笼。当我们学会以平常心对待一切的时候，才能看到生活的美好。在河南省内乡县县衙，有一副著名的对联："得一官不荣，失一官不辱，勿道一官无用，地方全靠一官；穿百姓之衣，吃百姓之饭，莫以百姓可欺，自己也是百姓"。这副对联以浅显生动的语言告诫人们，官本平常人，应有平常心。然而，一些领导干部走上仕途后，随着职务的升迁，却一步一步失去了平常心：有的得意而忘形，陡起贪心，贪图金钱，贪恋美色，贪得无厌；有的任性用权，为所欲为，急功近利，专横跋扈，贪功冒进，追求表面上的轰轰烈烈而不解决涉及群众切身利益的实际问题；有的不知进退，不知感恩，忘记了为官的初衷，贪恋官位，无所作为。作为领导干部，必须把自己当作一个平常人，视自己为普通群众中的一员，待人真诚、做人低调，以平常心看待名利、对待得失、正视进退、面对成败，始终扮演好自己的社会角色和工作角色，做到"内不愧心、外不负俗"。当然，拥有一颗平常心，绝不意味着安于现状、不思进取。

甘做平常人，常怀平常心。人之所以快乐，不是因为拥有的多，而是因为在意的少。每一项事业，以平常心脚踏实地去做了，成功则淡定收获成果，期望落空也问心无愧。把心思精力由过于看重和在意结果，转换到更好改变当前现状的方法和计策上来，正确对待名利、得失、进退、成败，阅历就会更丰富，心智就会更成熟，自身就会更聪慧，成长就会更稳健。领导干部要善于克服人性的弱点，正确认识权力、地位、政绩，摒弃官本位主义和特权思想，坚决避免自我膨胀，时刻牢记"自己也是百姓"；要把视野放远些、胸襟放宽些、境界放高些，正确看待个人荣辱得失和进退去留，不计较一时成败、一职高低，不沽名钓誉、不互相攀比；要凡事从最坏处打算，尽最大的努力，争取最好的结果，以知足感来看待眼前的一切，不自满、不抱怨。

64 勿为名累，勿为利锁，勿为权迷，勿为欲困

大道之行，天下为公，是融入中国共产党人血脉之中的不变本色，也是中国共产党人代代传承的红色基因。懂得知足，就不会受到屈辱，懂得适可而止，就不会遇到危险，才会保持长久的平安。领导干部要把好声名关，不粉饰政绩；把好利益关，不自我放纵；把好权力关，不忘乎所以；把好欲望关，不无所戒惧。

名利不在高，廉洁则名；权欲不在大，唯公则灵。唐代名臣张说曾写道："钱，味甘，大热，有毒。"世上许多人只看到钱"味甘"的一面，却没注意钱"有毒"的一面，进而唯利是图，最终被

钱"毒"倒。为官与发财，理应两道，这是古往今来的为官做人之本。民族英雄吉鸿昌曾亲笔写下"做官即不许发财"，并将这句名言烧在瓷碗上，分送部属军官，勉励大家廉洁奉公。领导干部只有自己算清"名誉账""利益账""权力账""欲望账"，不追名、不逐利、不搞特权、不困于私欲，才能把腰板挺直，赢得群众的信赖。相反，挡不住诱惑、守不住底线，干事创业就难有底气，与群众的距离就会越来越远。破一次规矩，就会留一个污点；搞一次特殊，就会减一分威信；谋一次私利，就会失一片人心。

任由千般诱惑，我自岿然不动。 古语有云："公生明，廉生威。"为官公正，才能政治清明，为官清廉，才能树立威望。从公仪休拒收鱼、杨震暮夜却金，到周恩来三付饭费、张富清甘守清贫，无论时代怎样变迁，为官清廉一直流淌在中华民族血液中，成为共产党人的红色基因。只有珍惜组织赋予的平台和机会，不图名、不图利，公正用权、降低欲望，才能对得起组织、对得起群众、对得起良心。习近平总书记强调："要牢记清廉是福、贪欲是祸的道理，树立正确的权力观、地位观、利益观，任何时候都要稳得住心神、管得住行为、守得住清白。"领导干部要随时打扫思想的灰尘，坚守精神的高地，慎独慎微，正确处理好公私、义利、是非、情法、亲清、俭奢、苦乐、得失的关系，面对"微腐败"绝不能掉以轻心，遇到"潜规则"绝不能随波逐流，碰上"人情礼"绝不能欣然笑纳。

65 面对成绩，不沾沾自喜；面对失败，不自怨自艾；面对困难，不拈轻怕重；面对矛盾，不推诿扯皮

干事创业，心态决定状态，担当才能作为。面对成绩别过度喜悦，面对失败、困难、矛盾别害怕，关键是如何对待。如果面对成绩沾沾自喜，面对失败自怨自艾，面对困难拈轻怕重，面对矛盾推诿扯皮，终将会被时代洪流所清除淹没。只有常怀平常之心，静得下心，沉得住气，把心思多放在工作和学习上，立足岗位实干苦干，才能走得稳、走得远。

自豪而不自满，决不躺在过去的功劳簿上。荣誉是暂时的，过去取得的成绩再大，也不能成为可以享用一生的"庇荫"。现实中，有的人认为成功来得太容易、太轻松，根本不需要怎么努力就唾手可得，成天陶醉在成功与喜悦之中。安于现状、不思进取之人，往往得不到人们的认可；俯首为民、不计得失、淡泊名利的人，反倒容易让群众传颂，留下口碑丰碑。领导干部切不可被荣誉和成绩蒙蔽了双眼，沾沾自喜，躺在功劳簿上睡大觉，要树立正确的政绩观，将一切工作回归到零始状态，居安思危，不骄不躁，乘风顺势、锐意而上。

风力掀天浪打头，只须一笑不须愁。人生逆境，十之八九。法国作家巴尔扎克说："挫折就像一块石头，对于弱者来说是绊脚石，让你却步不前，而对强者来说却是垫脚石，使你站得更高。"中国共产党之所以能够团结带领中国人民取得今天的骄人成绩，正是由于一代又一代的中国共产党人始终把挫折和困难当成最好的磨砺，

越挫越勇，越磨砺越锋芒。拒绝了失败，就是拒绝了成功。领导干部要坦然面对挫折、乐观应对挫折，变挫折为动力，把挫折当成锤炼自我、丰富阅历的"垫脚石"，而不是"绊脚石"，在经受挫折中砥砺意志品格，积极投身建设中国特色社会主义事业的伟大实践之中。

不经风雨，不成大树。当干部就要有担当，有多大担当才能干多大事业，尽多大责任才会有多大成就。现实中，有的干部工作拈轻怕重，岗位挑肥拣瘦。这种人即便短期内看似赚了些便宜，时间长了，群众看得真，组织辨得明，小算盘打得再精也会得不偿失。毛泽东同志曾说道："不少的人对工作不负责任，拈轻怕重，把重担子推给人家，自己挑轻的。一事当前，先替自己打算，然后再替别人打算……这种人其实不是共产党员，至少不能算一个纯粹的共产党员。"领导干部要到吃劲的岗位练能力、挑繁重的担子练肩膀、去艰险的环境练胆识，真正成为带领人民群众攻坚克难的主心骨。

为官避事平生耻，当官应为民做主。现实中，有的干部"踢皮球"，对群众反映强烈的问题消极应付，态度生冷、高高在上，口头禅是"这事不归我们管"；有的干部遇到问题往上推、落实责任往下移，出了问题把板子打到基层，把压实责任变成往下"甩锅"。推诿扯皮者易辨难治，根源在于他们往往安于现状而不思奋进、安坐官位而不想干事、安享"俸禄"而不愿奉献，一心想的是当"太平官"，混日子、熬年头、"软着陆"。领导干部要消除不求上进、不思进取的观念，强化迎难而上的责任意识，在大事难事面前不回避，敢啃硬骨头、勇挑重担子。

66 即便在势利纷华中，依然近而不染；哪怕是野渡无人时，犹自独立横舟

俗话说，"官大官小，没完没了；钱多钱少，总有烦恼；心态平和，一切都好"。一个人能否坚持本心，做到不以物喜不以己悲，最大的诱惑是自己，最大的敌人也是自己。无论身处门庭若市的环境，还是无人之地的环境，只有不忘初心、守住真心，以淡泊之心对待个人名利和权位，以敬畏之心对待肩负的职责和人民的事业，才能在任何情况下都稳住心神、管住行为、守住清白。

冰雪林中着此身，不同桃李混芳尘。身在社会中，总是要面对各种各样的诱惑，而对于位居高处的领导干部来说，诱惑更多更大，更容易掉入欲望的陷阱。"自我心存道，外物少能逼。"陶渊明曾告诫世人在纷繁复杂、充满诱惑的世界守住初心使命，要能做到"结庐在人境，而无车马喧。问君何能尔？心远地自偏。"《菜根谭》中说："势利纷华，不近者为洁；近之而不染者为尤洁。"一个人虽然身处淤泥，但在把握好尺度的同时也保留真实的自我，做到知世故而不世故，处江湖而远江湖，历圆滑而留天真，这才是"大智慧"。习近平总书记强调："党员领导干部务必珍惜权力、管好权力、慎用权力。"领导干部要树立正确的权力观，要能在风云变幻之际，坚持自我操守，提升个人能力，严格约束自己，严守用权边界，做到办事有原则、起止有分寸，打造"钢筋铁骨"抵御诱惑"荆棘"，增强"丹田内力"克服激流险滩。

莫见乎隐，莫显于微，故君子慎其独也。"儒风五行，仁义礼智

圣，诚于中，形于外，内外道德品行兼修慎独之辈。""慎独"的要义就是独自一个人时仍能严格要求和保持自我，始终做到表里如一。慎独作为一种高度自律的状态，既是个人修为的重要体现，也是党员干部党性原则的有效检验。现实中，有的领导干部自以为无人知晓、无法察觉，便降低自我约束标准，最终导致踩红线、跌深渊。习近平总书记指出，党员干部要"慎独"，要做到台上台下一个样，人前人后一个样。许多落马干部恰恰是做了"台上一套，台下一套，人前是人，人后是鬼"的"两面人"。只有在个人独立工作、无人监督、有做各种坏事的可能的时候，能够不做任何坏事，才能不被围猎。领导干部要严以律己、高度自律，自觉遵守党章党规党纪和各项法律法规，心中高悬法纪明镜、手中紧握法纪戒尺、知晓为官做事尺度，以时刻自重、自省、自警、自励的定力做到人前人后一个样、八小时内外一个样、台上台下一个样、有没有监督一个样。

67　厚德忠诚，心中有党；勤政为民，心中有民；求真务实，心中有责；清正廉洁，心中有戒

习近平总书记强调："做县委书记就要做焦裕禄式的县委书记，始终做到心中有党、心中有民、心中有责、心中有戒。"这不仅是对为政一方主官的要求，所有的领导干部也都应坚持党的原则第一、党的事业第一、人民利益第一，以高度的使命意识、责任意识担负起应有的责任。

心中有党不忘恩。心中有党就是要求党员干部无论何时何地，都保持对党和党的事业的绝对忠诚。我们党的历史就是一部书写忠诚、检验忠诚、识别忠诚、颂扬忠诚、传承忠诚的历史。革命战争时期，无数革命先烈，用鲜血和生命诠释共产党人对党和党的事业的绝对忠诚；和平建设时期，大批英模人物，用奋斗拼搏乃至生命做出了生动而深刻的回答。领导干部要把对党绝对忠诚作为立身之本、立身之魂，作为百德之首、百德之帅，要把讲忠诚大德、树忠诚大德、行忠诚大德作为第一位要求，要时刻把入党誓词记在心中、化作信念、付诸行动。

心中有民不忘本。心中有民，就是当好公仆，做好服务群众工作。习近平总书记谆谆告诫广大党员干部："忘记了人民，脱离了人民，我们党就会成为无源之水，无本之木，就会一事无成。"心中有民天地宽，心头装着老百姓，干事创业就有底气，就能冲破一己之私的小格局，抵达充盈而有意义的人生境界，就能为中国人民谋幸福、为中华民族谋复兴。领导干部要时刻保持和人民群众的血肉联系，想人民群众之所想，急人民群众之所急，将人民群众的安危、冷暖放在心里、落实在实际工作中。

心中有责不浮华。求真务实，是中国共产党事业兴旺发达的关键所在，也是共产党员不可或缺的精神。习近平总书记指出："是否具有担当精神，是否能够忠诚履责、尽心尽责、勇于担责，是检验每一个领导干部身上是否真正体现了共产党人先进性和纯洁性的重要方面。"领导干部必须厚植求真务实的红色基因，大兴求真务实之风，做到讲真话、出实招、办实事、求实效；要在其位、谋其政，把高标准履职尽责作为基本要求，做到日常工作能尽责、难题面前敢负责、出现过失敢担责。

心中有戒不妄为。"高飞之鸟，死于美食；深泉之鱼，死于芳饵。"欲望的背后是陷阱，贪婪的尽头是毁灭，这是一笔再清楚不过的"廉洁账"。为官者应有自省自鉴之智、修身进业之德，做一个清正廉洁的好官，如此才能在"政声人去后，民意闲谈中"赢得万古长青的口碑。领导干部要保持头脑清醒，时刻明辨是非，始终牢记党的根本宗旨、自觉加强自身修养，始终保持艰苦朴素、廉洁奉公的优良作风。

68 只想单打独斗或者一个人揽功的人是不会成为伟大领导者的

船的力量在帆上，人的力量在心上。心往一处想，才能劲往一处使。奋进在新时代的长征路上，摆在我们面前的使命更光荣、任务更艰巨、挑战更严峻，非凡事业必待非常之功，团结一心、汇聚各方强大合力，是我们闯关夺隘、勇毅前行的最强大动能。

单丝不成线，独木不成林。《淮南子·说山训》中云："有鸟将来，张罗而待之，得鸟者，罗之一目也。今为一目之罗，则无时得鸟矣。"意思是，有只鸟即将飞过来，把网张开去捕捉，捕到鸟的只是一个网眼，现在用一个网眼去捕鸟，那就永远也捕不到。"罗之一目"与"一目之罗"，虽然都是"一目"，结果却是"得鸟"与

"失鸟"。习近平总书记强调："实践一再证明，任何以邻为壑的做法，任何单打独斗的思路，任何孤芳自赏的傲慢，最终都必然归于失败！"党的百年历史是一部集智攻关、团结协作的历史，没有团结协作的意识，没有众志成城的精神，我们党就不可能创造一个又一个的奇迹。立足新发展阶段，面对更多新挑战，更需要领导干部大力弘扬集智攻关、团结协作的精神，拧成一股绳、通力配合，才能不断攻坚克难、实现突破。不能"烧自己的火，热自己的锅"，只顾单打独斗、各自为政，这样一来，所做的工作皆成了"一目之罗"，好举措难推进，好政策难落地。

利归天下，何必争多得少得。归功于众是一种责任担当，也是一种胸怀气度。争功诿过，只想当官不想干事、只想揽权不想担责、只想出彩不想出力，是与习近平总书记关于担当作为的要求相背离的。在实现富民强国的中国梦进程中，领导干部要坚定理想信念，补足精神之"钙"，多一分任重道远之心，少一分名利捆绑束缚，不能自诩劳苦功高、争功推过；要将私欲关进"纪律"的笼子，破除心中的"小算盘"，在工作中坚持"有了困难一起上，赢得荣誉大家享，出现问题我来扛"，以"揽过不揽功"的从政境界，增强干部队伍的活力，共同营造良好的政治生态；要养成崇仰推功揽过的精神境界，追求工作实绩、淡化个人名利，不争功、敢担责，警惕争功诿过的歪风邪气，荣誉面前不热衷追逐，利益面前不斤斤计较，困难面前不绕道而行，责任面前不推诿扯皮，激发干事创业的心劲，营造团结奋进的氛围。

第四篇

守法纪之规

69 政治上明明白白，思想上正正派派，作风上实实在在，工作上勤勤恳恳，生活上简简单单

在我国传统文化中，修身立德不仅是立身之本，更是从政之基。古人讲："治天下者先治己，治己者先治心。"党员领导干部在党内和社会上处于重要位置，具有强大的行为导向和风气引领作用。律己方能服人。唯有不断提高自己、完善自己，从政治、思想、作风、工作、生活等各方面严格要求自己、警醒自己，经受住各种考验，方能在从政道路上行稳致远。

政治是远航的"压舱石"。习近平总书记反复强调："干部在政治上出问题，对党的危害不亚于腐败问题，有的甚至比腐败问题更严重。"领导干部要加强政治历练，积累政治经验，使自己的政治能力与担任的领导职责相匹配，不断提高政治判断力、政治领悟力、政治执行力，在大是大非面前保持清醒头脑，在错综复杂的情况下站稳立场，任凭"乱花渐欲迷人眼"，任凭"障日峰多雾不开"，始终做到政治信仰不变、政治立场不移、政治方向不偏。

思想是前进的"探照灯"。习近平总书记指出："只有理论上清醒才能有政治上清醒，只有理论上坚定才能有政治上坚定。"领导干部要不断强化理论武装，把学习党的创新理论当作一种神圣职责、一种精神境界、一种终身追求，把系统掌握马克思主义基本理论作为看家本领，坚持原原本本学、融会贯通学、联系实际学，感悟马克思主义的真理力量和实践力量，学出政治忠诚，学出坚定信仰，学出斗争精神，学出人民情怀，学出使命担当。

担当是奋斗的"动力源"。习近平总书记指出："不论在哪个行业、从事什么职业，也不论学历、职称、地位有多高，唯有秉持求真务实精神，才能探究更多未知，才能获得更多真理，也才能为社会作出更大贡献。"领导干部要大兴求真务实之风，始终坚持察实情、说实话、出实招、干实事，深入基层、深入一线、深入群众开展调查研究，崇尚实干、干出成效，力戒形式主义、官僚主义，创造出经得起实践、人民、历史检验的实绩。

勤政是成事的"稳压器"。古人云："在其位，谋其政；行其权，尽其责。"领导干部要做起而行之的行动者，不做坐而论道的清谈客，既要"挂帅"又要"出征"，既要对上尽责，也要对下负责，勤勉敬业、精益求精，只争朝夕，不负韶华，在岗一分钟、战斗六十秒，发扬"钉钉子"的精神，不断征服新的"雪山""草地"和"娄山关""腊子口"，把有限的生命投入到无限的为人民服务中。

简朴是生活的"传家宝"。领导干部要始终保持一颗平常心，正确对待名与利、得与失、进与退，稳得住心神、管得住行为、守得住清白，不为私心所扰、不为人情所困、不为利益所惑，不该想的不想、不该图的不图，珍视亲情、爱情、友情，管好"枕边人"，教好"膝下人"，带好"身边人"，发扬艰苦朴素的优良作风，不盲目攀比和浪费，养成良好的生活习惯。

70　共产党人要真正过硬就不能忘记"特殊材料论"

斯大林曾说，共产党人是用特殊材料制成的。习近平总书记指出："在20世纪中国苦难而辉煌的历史进程中，涌现出一大批用特殊材料制成的优秀共产党人。"这里的"特殊材料"不是指钢和赤金，而是比钢和赤金更闪亮的东西——共产主义的崇高理想和坚定信念。

理想信念比铁还硬、比钢还强。共产党员特殊就特殊在有理想、有信念，心中有党、对党忠诚、与党同心，关键时刻站得出来，危险时刻豁得出去，而不是热衷于搞"特殊"，吃党的饭，砸党的锅，与党离心，与民争利，干出损害党和人民利益的事情。正是因为100年来，我们中国共产党人依靠对马克思主义的坚定信仰、对中国特色社会主义和共产主义的坚定信念，不惜牺牲生命诠释、用鲜血印证共产党人是用"特殊材料"制成的，才有了中华民族从站起来、富起来到强起来的历史性飞跃。时代在变，中国共产党人的理想信念不容动摇，精神家园不能迷失，红色基因不可变异，党对先进性、纯洁性的要求不变。习近平总书记指出："我们干事业不能忘本忘祖、忘记初心。我们共产党人的本，就是对马克思主义的信仰，对中国特色社会主义和共产主义的信念，对党和人民的忠诚。我们要固的本，就是坚定这份信仰、坚定这份信念、坚定这份忠诚。"只有一以贯之继承和发扬像陈云同志一样的"坚定理想信念、坚强党性原则、求真务实作风、朴素公仆情怀、勤奋学习精神"，胸怀共产主义崇高理想，冲锋在前、吃苦在前，才能永葆共产党人的特殊品质和精神风貌，赢得人民群众的衷心拥护。

千锤万凿出深山，烈火焚烧若等闲。中国共产党人既具有普通公民的一般性，又具有高于普通公民的特殊性。这一特殊性不仅体现在党员这个"身份"上，更主要体现在思想上、行动上自我要求更高，在规矩意识、纪律要求上的高标准严要求。共产党员的标准和行为规范来自党章党规，看世界的眼光、做事的态度以马克思主义理论为指导，应比一般人有着更高的境界、觉悟和担当。当前，有的党员自视"特殊党员"，热衷于搞家长制、一言堂；有的自诩"特殊人物"，官气十足，用权任性；有的自享"特殊待遇"，超标准享受，潜规则行事。根本原因在于理想信念动摇、初心使命迷失。只要有了坚定的理想信念，站位就高了，眼界就宽了，心胸就开阔了，就能坚持正确政治方向，在胜利和顺境时不骄傲不急躁，在困难和逆境时不消沉不动摇，就能经受得住各种风险和困难考验。革命战争年代，共产党人之所以能够成为"特殊材料"制成的人，不是经历一次磨难，而是经历了无数次艰难困苦乃至生命的考验，才"久炼成钢"。新时代的领导干部也必须经得住履行使命任务的考验，进一步加钢淬火，永葆特有的先进性、纯洁性和高尚性。

71 别拿自己的生命做赌注，以权谋私等于自毁前程

古人说："一心可以丧邦，一心可以兴邦，只在公私之间尔。"如果领导干部用手中权力谋取自己的私利、满足自己的私欲，势必让自己陷入欲望的深渊，最终扼杀自己的政治生命。只有"不做以权谋私、蜕化变质的贪官"，才能清廉一生、平安一生，无愧于"人民公仆"称号，无愧于"合格党员"称谓。

私心增加一分，灭亡便会进一步。见利思义、天下为公是我们中华民族的优良传统，也是修身齐家治国平天下的传统文化的精神核心。黄宗羲曾说："夺天下之公利，徇一己之私利，是谓国贼。"现实中，一些党员干部自认为人民赋予的权力就是自己谋福利的工具，而贪图享受就是紧跟"潮流"发展。他们利用职务便利，收受贿赂、公款吃喝，最终自毁前程、断送政治生命和人身自由，被历史和人民所抛弃。对手握公权的领导干部而言，不公，难免以权谋私；不廉，自会藏污纳垢，导致"物必先腐，而后虫生"的局面。以权谋私，是各种腐败现象的实质所在。历史告诫我们，义利观正确就能正确处理公私关系，就能够舍生取义，留得清白在人间，如果义利观扭曲，一心只为谋私利，最后的结局必然是身败名裂，成为千古罪人。习近平总书记强调："公款姓公，一分一厘都不能乱花；公权为民，一丝一毫都不能私用。"只有一心为公、事事出于公心，才能坦荡做人、谨慎用权，才能光明正大、堂堂正正。

公权本姓公，用权当为民。中国共产党从成立伊始，红色基因就是大公无私的，就是为了民族和人民的。毛泽东同志曾这样阐

述中国共产党人的义利观:"共产党员是一种特别的人,他们完全不谋私利,而只为民族与人民求福利。"方志敏被俘时,国民党士兵想从这个领导着八个县苏维埃政府,经手钱财何止数百万的共产党"大官"身上发点洋财,可除了一块旧表和一支自来水钢笔之外,一个铜板都没有搜出。正是无数像方志敏一样的党员"以公灭私,民其允怀",中国共产党才能始终走在时代前列、经受住各种风险考验、完成历史使命。邓小平同志曾告诫全党:"我们拿到这个权以后,就要谨慎。不要以为有了权就好办事,有了权就可以为所欲为,那样就非弄坏事情不可。"习近平总书记强调:"要始终牢记自己永远是人民的公仆,不能利用手中的权力为个人谋私、为一些利益集团谋私,这条路是走不通的。"领导干部要恪守"权力只能用来为党分忧、为国干事、为民谋利"底线,正确处理公私、义利、是非、情法、亲清、俭奢、苦乐、得失的关系,自觉同特权思想和特权现象作斗争,坚决预防和反对腐败,做到依法用权、秉公用权、廉洁用权,做到权为民所用,利为民所谋,情为民所系,就会一身正气、两袖清风。

72 守住底线,担当才有底气;无私奉献,作为才有情怀

担当的底气来自"天下之大,物各有主,苟非吾之所有,虽一毫而莫取"的底线要求,作为情怀来自"捧着一颗心来,不带半根草去"的无私奉献。领导干部要有"心在人民,原无论大事小

事；利归天下，何必争多得少得"的心态，在守住底线、不越红线的基础上，心底无私、默默奉献，才能让担当更有底气、作为更显情怀。

底线是担当的生命线，有底线才有底气。 老百姓常说，"做人要讲原则，做事要守规矩""凡事都要把握个度"。这里所讲的"原则""规矩""度"，其实就是"底线"，它要求的是既要干事担当也要遵守底线，不能为了担当而担当，否则就是有勇无谋。守住了底线就守住了底气，铁一般的纪律方能铸就铁一般的担当。习近平总书记强调，要把做人做事的底线划出来，明确要求党员干部坚守法律底线、纪律底线、政策底线、道德底线。领导干部只有守住做人、处事、用权、交友的底线，自觉做到守纪律、讲规矩，才能在干事创业中知敬畏、明底线、常警醒，才能增强想干事的底气、干成事的硬气。领导干部要明确法律底线不可触碰，带头遵守法律、执行法律；遵守党的政治纪律，把纪律挺在前面，按照党规党纪的标准严格要求自己；学好党的路线方针政策，掌握做事的原则和方向，切实做到令行禁止；坚守道德品行底线，坚持以德修身，坚守共产党人的精神高地。

有一分光发一分热，无私奉献彰显情怀。 奉献，对于共产党人来说，就是为党和人民事业不计得失、不求回报、真诚无私地付出。入党誓词明确提出："为共产主义奋斗终身，随时准备为党和人民牺牲一切，永不叛党。"习近平主席在回答意大利众议长菲科关于"当选国家主席时什么心情"的提问时，回答了"我将无我，不负人民"。短短几个字，质朴厚重，饱含深情，凝结着对人民群众奉献自我的大爱，展现出一位大国领袖的为民情怀、责任担当。1955年4月，数千名上海交通大学师生响应国家号召，告别繁华的上海，扎根落后的西部，为国家建设、西部的文教事业奉献青春。他们为了祖国的发展，跨越大半个中国，在西北大地挥洒汗水、奉献毕生，散发出了"毫不利己，专门利人"的人性光辉，是有家国情怀的大作为。领导干部要始终坚持人民利益高于一切，做吃苦耐劳、甘于奉献的"老黄牛"，立足岗位默默耕耘、克己奉公、多做贡献，面对艰难险阻时燃烧自己、照亮别人。

73　以"自身硬"来涵养革命勇气，以"自身严"来保持革命精神，以"自身强"来激励革命斗志

"胜人者有力，自胜者强。"一个人能否在自我革命这场刀刃向内的斗争中取得成功，最大的诱惑是自己，最难战胜的敌人也是自己。为官者只有从己抓起，全面过硬、严字当头、增强本领，才能涵养出大无畏的革命勇气、保持不屈不挠的革命精神、激励昂扬向上的革命斗志。

要有成蝶的革命勇气，要靠自身硬来破茧。古往今来，从事革命者，皆以大无畏的革命勇气，战胜所遇之艰难。即使后此之艰难远逾于前日，而只要保此革命之勇气，一往而莫之能阻。习近平总书记强调："勇于自我革命，是我们党最鲜明的品格，也是我们党最大的优势。"党的十八大以来，以习近平同志为核心的党中央

站在党和国家事业全局的战略高度，以"打铁还需自身硬"的担当，以"刮骨疗伤、壮士断腕"的勇气，全面从严治党，使我们党焕发出强大的生机和活力。新时代，使命越光荣、任务越艰巨、考验越严峻，越需要我们党保持自我革命的勇气和锐气，依靠自身的力量勘误纠错，永葆党的先进性和纯洁性。要想涵养勇于打破旧藩篱、开创新世界的革命勇气，就必须做到信念过硬、政治过硬、责任过硬、能力过硬、作风过硬。领导干部要筑牢政治灵魂，挺起精神脊梁，不断提高政治站位和政治能力，树立正确政绩观，全面提高领导能力和专业能力，自我净化、自我完善、自我革新、自我提高。

不屈不挠的革命精神，需要自身严来锻造。中国共产党在长期奋斗历程中形成的革命精神，已经深深融入中华民族的血脉和灵魂，成为中华民族精神的丰富滋养，是鼓舞和激励中国人民不断攻坚克难、从胜利走向胜利的强大精神动力。而革命精神的锻造离不开严明的纪律和规矩，离不开共产党人对自己的高标准严要求。只有严以修身、严以用权、严以律己，才能永葆不屈不挠的革命精神。习近平总书记强调，要坚持严字当头、全面从严、一严到底，严格落实管党治党责任。领导干部要严于律己，抵御诱惑，守住规矩，把纪律和规矩挺在前面，绷紧纪律之弦，巩固党的执政根基。

熊熊燃烧的革命斗志，需要自身强来点燃。恩格斯曾经指出："无产阶级的运动必然要经过各种发展阶段；在每一阶段上都有一部分人停留下来，不再前进。"为什么这些人会不再前进？因为他们面对充满诱惑的世界，自身内心和本领不够强大，丧失了革命的斗志。只有增强政治本领，自身强大，才能燃起革命的火种、激励革命的斗志。习近平总书记强调："全党同志必须始终保持崇高的革命理想和旺盛的革命斗志。"领导干部要不断自我净化、自我完善、自我革新、自我提高，增强斗争本领，准确判断当前形势，敢于攻克各种风险挑战，圆满完成党和人民赋予的历史使命。

74　唯有勇于坚持真理的人，才能勇于承认错误

毛泽东在《论联合政府》中指出："共产党人必须随时准备坚持真理，因为任何真理都是符合于人民利益的，共产党人必须随时准备修正错误，因为任何错误都是不符合于人民利益的。"真理是对客观事物及其规律的正确反映，谬误则是对客观事物及其规律的错误反映。如果不在坚持真理基础上去承认错误，那么承认错误也是假的。

坚持多少真理，就能发现多少错误。坚持真理、承认错误，是党的实事求是思想路线的要求，是党在长期奋斗历程中形成的优良传统和宝贵经验。正是因为中国共产党坚持真理，勇于同各种错误思想和行为作斗争，才能一次次成功扭转前行中偏离的航向而最终取得胜利。邓小平同志曾深刻阐述坚持真理、承认错误的重要性：没有批评与自我批评精神，就不会及时地总结经验，修正错误；也不会用正确的和错误的经验，正面的和反面的经验，来教育干部、党员和群众。习近平总书记指出："我们党对自己包括领袖人物的

失误和错误历来采取郑重的态度，一是敢于承认，二是正确分析，三是坚决纠正，从而使失误和错误连同党的成功经验一起成为宝贵的历史教材。"中国共产党先进性的一个基本体现就在于在历史关键时刻我们党展示的那种无条件坚持真理，敢于直面错误、敢于拨乱反正的巨大政治勇气和理论勇气，以及其自我纠错机制和能力。只要追求的是真理、遵循的是规律、代表的是最广大人民的根本利益，就不怕直面问题、修正错误，也能够在不断净化和修复中，保持旺盛的生命力和强大的战斗力。

当错误被纠正过来，就意味着真理的到来。对一个政党，一个组织，乃至个人，错误总是难免的。无论是遵义会议、延安整风运动，还是关于真理标准问题的大讨论，之所以影响深远，一个重要原因就是党内不搞"一团和气"，敢于进行思想交锋，敢于坚持真理、修正错误。习近平总书记强调："大家要时时铭记、事事坚持、处处上心，随时准备坚持真理、随时准备修正错误，凡是有利于党和人民事业的，就坚决干、加油干、一刻不停歇地干；凡是不利于党和人民事业的，就坚决改、彻底改、一刻不耽误地改。"只有勇于解放思想、实事求是，在自我革命中坚定不移跟着真理走，为真理而斗争，发挥当代中国马克思主义、21世纪马克思主义的真理力量，才能在探索真理、认识真理过程中纠偏纠错、走向正道。领导干部要保持坚强的党性和坚定的信念，堂堂正正做人，扎扎实实做事，用自己的"一身正气"压倒一切歪风邪气，关键时刻还要敢于批评、敢于较真碰硬，不给歪风邪气滋生和蔓延的机会，从而让坚持真理、明辨是非、敢于担当的优良作风成为常态，营造风清气正的政治生态。

75 自我革命要坚持绝对忠诚的政治品格，高度自觉的大局意识，极端负责的工作作风，无怨无悔的奉献精神

自我革命是"刀刃向内"的革命，是"革"自己的命，是敢于直面自身存在的矛盾，革除自身的问题和不足，不断发展和完善自己。正因为此，自我革命具有很大的挑战性和难度。只有坚持绝对忠诚的政治品格、高度自觉的大局意识、极端负责的工作作风、无怨无悔的奉献精神，才能不断推进自我革命，真正锻造为烈火真金。

绝对忠诚的政治品格滋生自我革命的动力。对党绝对忠诚是自我革命的生命线和根本点。这场没有硝烟的自我革命，时刻考验着共产党员的信仰和忠诚。共产党员只有对党绝对忠诚，才能真正将全面从严治党、自觉履行党规党纪贯穿于一点一滴，才能把初心放在心上，把使命扛在肩上，续写对党绝对忠诚的崭新篇章。习近平总书记强调，在新时代推进党的自我革命的不断深入，需要全党同志加强党性锻炼和政治历练，不断提升政治境界、思想境界、道德境界，全面增强执政本领。领导干部要始终同党中央保持高度一致，增强党性立场和政治意识，提高政治敏锐性和政治鉴别力，在大是大非面前头脑清醒、旗帜鲜明、经得起大风大浪考验。

高度自觉的大局意识指明自我革命的方向。改革是利益格局的深刻调整，犹如拿起手术刀给自己动手术，是刀刃向内、刮骨疗毒，这无疑是痛苦的、艰难的。如果不站在"两个大局"的高度谋划改革，就不可能理智清醒地推进自我革命。习近平总书记强调：

"只要对全局改革有利、对党和国家事业发展有利、对本系统本领域形成完善的体制机制有利，都要自觉服从改革大局、服务改革大局，勇于自我革命，敢于直面问题，共同把全面深化改革这篇大文章做好。"领导干部要自觉用"四个全面"战略布局统一思想，从改革大局出发看待利益关系调整，正确把握自我革命，敢于触动自己的奶酪。

极端负责的工作作风决定自我革命的力度。我们党领导的伟大社会革命和自我革命的深刻性、艰巨性，决定了它们从来都不是在风平浪静、敲锣打鼓中进行的，而是在应对和化解风险挑战中艰难前行的。只有强化使命担当，自觉将使命放在心上、把责任扛在肩上，才能不断推进自我革命。习近平总书记强调，要脚踏实地、真抓实干。说真话、报真情、做实事、求实效，不能搭花架子、做表面文章，甚至说假话、报假情、欺上瞒下。领导干部要面对大是大非敢于亮剑，面对矛盾问题敢于迎难而上，面对危急时刻敢于挺身而出，面对工作失误敢于承担责任，面对歪风邪气敢于坚决斗争。

无怨无悔的奉献精神体现自我革命的价值。我们党之所以有自我革命的勇气，是因为我们党除了国家、民族、人民的利益，没有任何自己的特殊利益。勇于自我革命，一心勇往直前，靠的是大公无私、无怨无悔的奉献。"不是没有掂量过。但我们认准了党的宗旨使命，认准了人民的期待""不得罪腐败分子，就必然会辜负党、得罪人民"。习近平总书记的话语振聋发聩。党员干部的自我革命，就是要讲大公无私、公私分明、先公后私、公而忘私。只有无怨无悔的奉献，自我革命才会勇往直前无所畏惧，旗帜鲜明光明正大，堂堂正正率先垂范。领导干部要坚持党的事业第一、人民利益第一，始终保持克己奉公、大公无私的情怀，始终做到甘于奉献、乐于付出，不计较个人得失，不谋取个人私利。

76 一如既往践行宗旨，一身正气坚守底线

习近平总书记指出："民心是最大的政治，正义是最强的力量。"全心全意为人民服务是党的根本宗旨，清正廉洁的政治本色是党的一贯主张，二者都是党自成立以来赓续至今的光荣传统和优良作风，是激励我们不畏艰难、勇往直前的宝贵精神财富。领导干部只有一以贯之把宗旨意识融入血液、浸入骨髓、化为行动，才能不歪不斜，在底线面前永不失守；只有始终以"清正"之魂担"为民"之责，才能真正成为组织和群众眼中靠谱的干部。

生命有期限，为民无穷期。习近平总书记指出："我们讲宗旨，讲了很多话，说到底还是为人民服务这句话。为人民服务是共产党人的天职。""我们党的百年历史，就是一部践行党的初心使命的历史，就是一部党与人民心连心、同呼吸、共命运的历史。"心系群众鱼得水，背离群众树断根。党与人民风雨同舟、生死与共，始终保持血肉联系，是党战胜一切困难和风险的根本保证。我们党依靠人民走到今天，也必将依靠人民通向未来。雷锋曾说："人的生命是有限的，可是，为人民服务是无限的，我要把有限的生命投入到无限的为人民服务之中去。"服务者，公仆也。领导干部作为人民

公仆，要不忘初心、牢记使命，不断追求"我将无我，不负人民"的大境界，始终以百姓心为心，始终坚持当"老百姓的官"，始终把人民对美好生活的向往作为奋斗目标，坚决摒弃特权思想和特权行为，不断解决好"我是谁、为了谁、依靠谁"的问题，与群众有福同享、有难同当，有盐同咸、无盐同淡，用心用情用力解决好群众"急难愁盼"的问题，让群众有更多、更直接、更实在的获得感、幸福感、安全感。

人正千夫敬，官清万人服。"政者，正也""其身正，不令而行；其身不正，虽令不从"。习近平总书记指出："为政清廉才能取信于民，秉公用权才能赢得人心""领导干部要坚守正道、弘扬正气""把做人做事的底线划出来。"正人先正己，守正能祛邪。领导干部带头做到守正理、走正道、做正事、当正人，才能以正服人、以正资政，各种歪风邪气、乌烟瘴气就无法近身附体。领导干部要守住做人底线，明大德、守公德、严私德，努力做一个高尚的人、一个纯粹的人、一个有道德的人、一个脱离了低级趣味的人、一个有益于人民的人；要守住处事底线，事事出于公心、时时秉持公道，老实做人、踏实做事，不能占着位置不干事、靠吃老本混日子，更不能只想当官不想干事、只想揽权不想担责、只想出彩不想出力；要守住用权底线，增强法治思维、树牢法治观念，公正用权、依法用权、廉洁用权，为政不移公仆之心、用权不谋一己之私；要守住交友底线，纯洁交友动机，慎重对待朋友交往，广交良师益友，不交狐朋狗友、酒肉朋友，保持清爽干净的"社交圈""生活圈""朋友圈"。

77 安于清贫，则能扶心中之正气；淡泊名利，则能祛心中之邪念；坚持自律，则能定心中之信念

习近平总书记强调，领导干部要增强政治定力、纪律定力、道德定力、抵腐定力。人生就像一个未知数，是一个无穷的变量。身处特殊岗位、掌握一定权力，领导干部的人生也因此充满了诱惑，充满了名利交织，充满了对自律的考验。真正有定力的人，连魔鬼都拉不走。领导干部安于清贫、淡泊名利、坚持自律，才能够"风雨不动安如山""任凭风浪起，稳坐钓鱼船"。

耐住清贫，才能立天地之正气。习近平总书记强调："当官发财两条道，当官就不要发财，发财就不要当官"。现实中，一些领导干部既想当官、又想发财，心中邪气丛生，最终难免走上违法犯罪的不归路。当官发财是互斥的，清贫才能守正。守得住清贫，代表着一种坚强的意志力，一个干部守住了清贫，就会时刻牢记入党为什么、当干部干什么、在岗位做什么，始终刚正、廉明、崇高，再贫再苦也动摇不了他心中的正气。真廉洁者，从不言贫。知耻之人，才会立天地之正气，行天下之正道。领导干部有了知耻之心，才会清廉自守。知耻，就要正心修身，以清贫为荣、以奢靡贪腐为耻，心中常怀善念，保持操守、洁身自好，这样才会雷打不动、刀枪不入。

守住淡泊，方能宁静以致远。柳宗元在《蝜蝂传》中讲了一个故事："一种叫蝜蝂的'善负小虫'，爬行时凡是遇到东西就抓取过来，结果越背越重，它还不知疲惫地往高处爬，最后掉下来摔死了。"这启示我们，多欲则多求，多求必遭祸；不为名利所累，

方能清心寡欲。事能知足心常惬，人到无求品自高。"知足常足，终身不辱。"领导干部要知足，正确对待苦与乐、名与利、得与失、进与退，对权力知足、对名利知足、对待遇知足，祛除"红眼病""妒忌症"，克服阴暗心理，懂得适可而止的放弃，"清风两袖朝天去，不带江南一寸棉""任凭地动山摇，我自岿然不动"，使自己获得平和、活得快乐，真正守住一方清廉的圣堂。

坚持自律，就能有足够强大。自律是坚定信念、保持党性的重要途径。一个自律的人，能够更好地约束自己的思想、言行，从而不畏艰辛、不惧坎坷，始终坚定信念不动摇。领导干部要做到自律，就要塑造"咬定青山不放松"的意志力，不断强化理想坚定性、思想坚定性、目标坚定性意识，不断强化面对困难、应对磨难、战胜苦难意识，不断培养勇毅、刚毅、果毅精神；就要塑造"千磨万击还坚劲"的坚忍力，不断培养忍耐心、忍耐性、忍耐力，不断强化自我缓解、自我调适、自我化解压力意识，不断提高直面现实、忍辱负重、愈挫愈勇的精神能力；就要塑造"虽饮贪泉心不回"的自制力，不断培养勇于反省、善于反省、持续反省品质，不断强化自我约束、自我管理、自我监督意识，不断培养自觉纠正、自主纠正、自动纠正品质。

78　要守得住清苦，耐得住寂寞，禁得住诱惑，保得住情操

习近平总书记多次强调，领导干部要"守住自己的政治生命，

保持拒腐蚀、永不沾的政治本色"。领导岗位不是一种待遇、不是一种享受，而是一大"苦差事"，守得住清苦、耐得住寂寞、挡得住诱惑、保得住情操是当干部的题中应有之义，正如古人所讲，"做官都是苦事，为官原是苦人"。当领导干部成为天底下最难的事，是党之大幸、国家之大幸、人民之大幸、民族之大幸。

廉不言贫，勤不道苦。清苦自古以来就是对为官从政者的要求。对党的领导干部而言，廉洁意味着清白干净，但绝不至于贫困；勤政虽然要多一些奉献和牺牲，但在为民服务中实现自身价值，如此之"苦"其实是一种更高层次的快乐和幸福。可以说，干部越清苦，群众越幸福。领导干部既要做耐得住清贫的"廉官"，又要做吃得了苦中苦的"勤官"，只为百姓谋福利，绝不为己牟私利。

渡人如渡己，帮人亦帮己。梯子的境界在于渡人无数、让别人踩着上，而自己却默默无闻、无怨无悔。燃烧自己、照亮别人，为他人的成长助力喝彩，也会收获别样的出彩人生。领导干部要甘为人梯、甘当铺路石，树立正确的政绩观，把干事留给自己、把升迁交给组织，坚持"功成不必在我"，视名利如粪土，而不能"一年干，两年盼，三年看，四年提不起向后转"。

天上无馅饼，地上有陷阱。那些违纪违法的领导干部，大都有这样的惨痛教训：馅饼的下面常常是陷阱。领导干部掌握一定权力，面对形形色色的诱惑，往往成为被拉拢、攻关和围猎的对象，如果自我要求不严，随时都可能坠入"人见利而不见害，鱼见食而不见钩"的陷阱。苍蝇不叮无缝的蛋，天下没有不透风的墙，贪恋"馅饼"终归要摔跤。当干部理应是各种名利和浮华的绝缘体。

有骨气才有底气，有正气才有硬气。"人无刚骨，安身不牢"，人一旦失去了骨气，就失去了支撑自己活在世上的精神力量。领导干部只有有骨气，才能在任何时候都稳得住心神、管得住行为、守得住清白，始终做个有底气的人。"正气存内，邪不可干。""子帅以正，孰敢不正？"领导干部要弘扬正气、压制邪气，守正循法，激浊扬清，坚决杜绝"劣币驱逐良币"的逆淘汰现象，始终做个硬气的人。

79 不做亏党的事，不做亏人的事，不做亏心的事

知责任者，大丈夫之始也；行责任者，大丈夫之终也。人一生都是生活在责任之中，当领导干部更是承担着如山重任。为人处事，只有把岗位当责任、把责任当使命，仰不愧天、俯不怍地，始终对得起党、对得起他人、对得起自己的良心，才不愧为一个靠得住的领导干部。

入了党的门、就是党的人，做一个忠诚之人。领导干部加入了党组织，就有了"党籍"，就意味着有了组织归属和身份荣誉、有了特殊职责使命、有了严明纪律规矩约束。我们党的入党誓词最后一句"永不叛党"，就是强调党有严密的组织性、纪律性，只要成了组织的人，就不能朝三暮四、朝秦暮楚，必须把个人命运同党的命运血脉相融，与党荣辱与共，一心忠于党，一生跟党走。选择加入中国共产党，就选择了马克思主义信仰、选择了坚守、选择了高尚、选择了奉献，无论处在什么位置，都要强化党的意识和组织观

念，牢记自己的第一身份是党员、第一职责是为党工作，时刻想到自己是党的人、是组织的一员，感党恩不谢私恩，永远在党言党，爱党、忧党、兴党、护党，永远做对党忠诚的卫士。

宁亏自己、不亏他人，做一个厚道之人。厚道是美德，也是涵养。厚道之人，本本分分做人、真真实实待人，不占他人便宜、不抢他人利益，无论在什么境遇下，宁肯自己吃亏，也不做有损他人之事。现实中，有的领导干部生怕自己吃亏，凡事都爱计较，工作上拈轻怕重、挑肥拣瘦；有的见不得他人好，生怕他人得利，利益面前与人争得面红耳赤，甚至做损人不利己之事，等等。殊不知，贪小便宜，往往要吃更大的亏。自己吃亏不是软弱、不是无能，不让他人吃亏反而是一种有担当的体现、是一种大无畏的奉献。当领导干部，就应当厚道一点、大气一点，把吃亏留给自己，把得利让给他人，如此一来，组织看在眼里、群众看在眼里，不亏他人，最终也亏不到自己。

不做亏心事、不怕鬼敲门，做一个问心无愧之人。政在去私，私不去则公道亡。堂堂正正、坦坦荡荡，不心存侥幸、不搞小动作，不做违背良知道义的事、昧良心的事，这是为官做人的基本道理。诚实无破绽。做人做事，任何时候，唯有老实、对得起良心，才能心安、才能长久。周恩来同志曾说过："世界上最聪明的人是最老实的人，因为只有老实人才能经得起事实和历史的考验。"领导干部要做老实人、说老实话、办老实事，保持阳光心态，自觉摒除私心杂念，从大局出发想问题、抓工作，自觉按原则办事、按规则办事、按程序办事，不履邪径、不欺暗室，慎独、慎微、慎言、慎行，挺得起腰杆、讲得起硬话，台上台下一个样、人前人后一个样，做到秉公用权、公私分明、公而忘私、大公无私。

80 以为显本，在实干苦干中成就事业、奉献力量；以律正本，在慎独慎微中彰显本色、塑造形象

"求木之长者，必固其根本；欲流之远者，必浚其泉源。"习近平总书记强调："我们干事业不能忘本忘祖、忘记初心。"领导干部是引领广大党员干部群众干事创业的"关键少数"，不仅不能忘本，更要能够干成事而且不出事，以一番经得起实践、历史和人民检验的业绩彰显本色，以清清白白做人、干干净净做事、堂堂正正为官的良好形象正本清源。

当干部就得有政绩，有为才有位。孔子曰："不患无位，患所以立。"要想有地位，先要有作为。一个干部如果干了两年、三年还是"涛声依旧"、不断重复"昨天的故事"，没有什么作为，就算不上合格。事实上，无功就是过，平庸就是错。占着位子不作为、拿着俸禄不干事，那就是"庸官""懒官"。美好蓝图不会自动成真，唯有实干苦干才能赢得未来。领导干部要坚持实干，大力弘扬求真务实精神，老实做人、踏实干事，把精力用到干实事上，把心思用到求实效上，把劲头用在抓落实上，能"出活"、出实效，立足本职岗位干出一番让人称道的业绩，以实干赢得尊重，靠真本事立身，决不能躺在过去的功劳簿上安于现状、坐享其成；要坚持苦

干，能吃苦中之苦、能克坚中之坚、能忍天下不能忍之事，恪尽职守、勤勉工作，拿出"只争朝夕"的精神，在岗一分钟、战斗六十秒，心甘情愿地消耗自己，爱岗敬业、夙夜在公，"干革命干到脚直眼闭"，决不辜负组织、群众和同志的信任。

律人先律己，言行才硬气。没有规矩，不成方圆。习近平总书记强调，"律人者必先律己""一个人廉洁自律不过关，做人就没有骨气，做事就没有硬气，这是千古不变的道理"。领导干部只有以更高的标准、更严的纪律要求自己，才有要求别人的底气和硬气。"治人者必先自治，责人者必先自责，成人者必先自成。"领导干部带头严于律己，以身作则、率先垂范，才能取得以上率下、令行禁止的效果。领导干部要慎独，自觉遵守党章党规党纪和各项法律制度，心中高悬法纪明镜、胸有为官做事尺度，私底下、无人时也能保持如临深渊、如履薄冰心态，知敬畏、存戒惧、守底线，做到不仁之事不做、不义之财不取、不正之风不沾、不法之事不干，要慎微，始终坚持一丝不苟、诸事不怠，严以修身、防微杜渐，谨慎对待和正确处理每一个小事小节，于细微之中见精神、淬品格，善于从小事小节上加强自我约束，常掸心灵灰尘、常清思想垃圾、常掏灵魂旮旯。

81 经得起看，经得起考，经得起问，经得起查

"看、考、问、查"四个看似没有任何关系的词，用在干部身上，却是一个逻辑严密的整体，是一名干部的基本功。经得起

"看"是前提，经得起"考"是能力，经得起"问"是本领，经得起"查"是水平。

面对日常监督要经得起"看"。毛泽东同志说过："因为我们是为人民服务的，所以，我们如果有缺点，就不怕别人批评指出。不管是什么人，谁向我们指出都行。只要你说得对，我们就改正。"时下，党内监督、民主监督、法律监督、舆论监督等各种"看"无处不在，人民监督权力、权力在阳光下运行已成为常态。经得起"看"，已经成为当好一名干部的基本前提。当干部就应当慎独、慎微、慎初、慎终，自觉接受监督，养成在监督下工作和生活的习惯，耐得住"多看"，经得起"细看"。

面对艰难险阻要经得起"考"。当今世界正经历百年未有之大变局，我国正处于中华民族伟大复兴的关键时期，我们党正带领人民进行具有许多新的历史特点的伟大斗争。现在虽没有战争年代血与火的洗礼、生与死的考验，但在新的"赶考"路上，我们面临的重大挑战或"时代大考"绝不比当年少。有的干部在顺风顺水顺境面前，能够如鱼得水、大展拳脚，在遇到困难和挫折的时候，却往往经不起"考"。习近平总书记曾指出："越是有培养前途的年轻干部，越要放到艰苦环境中去，越要派到改革和发展的第一线去，让他们在实践锻炼中增强党性、改进作风、磨炼意志、陶冶情操、提升境界、增长才干。"这就说明，干部要在真刀真枪的磨砺中经风雨、见世面，长才干、壮筋骨，才会百炼成钢，脱颖而出。

面对业务工作要经得起"问"。习近平总书记指出："专业素养是专业知识、专业能力、专业作风、专业精神的统一，而不仅仅是专业对口那么简单。"专业素养，就是一个人专门从事某种工作或职业所必须具备的综合素养，是专业知识、专业能力、专业作风、专业精神的统一，这种素养形成在日常、应用在日常、升华在日常，需要不断提升。经得起问，背后隐含的是干部的专业素养。一个干部，如果对自己所从事的工作或职业涉及的基本业务知识一问三不知，诚然不是一个合格的干部。只有踏踏实实干事，时时思索、时时修炼，在岗位上点点滴滴的积累，不断提高自身适应新时代中国特色社会主义发展要求的能力，才能对工作"对答如流"，才能逐渐为老百姓所认可、所赞许、所称道、所敬仰。

面对廉洁廉政要经得起"查"。经得起查，是干部素质过硬、作风优良、党性坚强、勤政廉政的必然反映。只有经得起查的干部，才是真正的好干部。做干部，就得干干净净清清白白，时刻把好金钱、美色和名利关，保持高尚的精神追求，不为私心所扰，不为名利所累，不为物欲所动，就会经得起自己查、组织查、人民查和历史查。反之，如果到达一定高度就忘乎所以，自以为高高在上，不顾纪律的防线，任意滥用权力，殊不知，自己已经身处深渊的边界，一不小心就会粉身碎骨。

82 不为外物所迷，不为外界所扰，不被形势所迫，不被名利所动

定力是人们认识问题过程中的一种判断能力、决策能力和执行

能力，是干部意志、品质、境界的象征。习近平总书记强调，对领导干部来说，加强自律关键是在私底下、无人时、细微处能否做到慎独慎微，始终心存敬畏、手握戒尺，增强政治定力、纪律定力、道德定力、抵腐定力，始终不放纵、不越轨、不逾矩。拥有定力的干部，心神宁静、稳如泰山、坚如磐石，对欲望诱惑具有强大的自制力和免疫力，不为外物所迷，不为外界所扰，不被形势所迫，不被名利所动。

保持政治定力"不为外物所迷"。 习近平总书记指出，检验一名干部理想信念是否坚定，主要看其在重大政治考验面前有没有政治定力。保持政治定力，就是在思想上政治上排除各种干扰、消除各种困惑，坚持正确立场、保持正确方向的能力。当前，围绕经济社会转型期面临的不同矛盾，在我国，民粹主义、民族主义、历史虚无主义、新自由主义、普世价值论等各种思潮交织激荡，真可谓"乱花渐欲迷人眼"。越是在这种时候，党员干部越要在思想上政治上排除各种干扰、消除各种困惑，坚持正确立场、保持正确方向，严守政治规矩，忠诚于党和人民，把握大局、勇于担当、敢负责任。

保持纪律定力"不为外界所扰"。 习近平总书记曾强调，领导干部工作上要大胆，用权上则要谨慎，常怀敬畏之心、戒惧之意，自觉接受纪律和法律的约束。保持纪律定力，就要把纪律挺在前面，在任何情况下，都不逾越纪律的底线和红线。我们党是靠革命理想和铁的纪律组织起来的马克思主义政党，纪律严明是党的光荣传统和独特优势。纪律和规矩意识对干部来说既是"紧箍咒"，又是"护身符"。必须不断增强纪律和规矩意识,自然坐得端、行得正、走得稳。

保持道德定力"不被形势所迫"。习近平总书记指出,面对纷繁复杂的社会现实,党员干部特别是领导干部务必把加强道德修养作为十分重要的人生必修课。保持道德定力,就是要求干部抵御各种不良风气的诱惑和侵蚀,提高坚守道德标准、作出道德决断的能力和毅力。中国特色社会主义进入新时代,党的面貌、国家的面貌、人民的面貌、军队的面貌、中华民族的面貌发生了前所未有的变化。同时,有的干部被形势所迫,追求物质享受,情趣低俗,玩物丧志,沉湎花天酒地,热衷灯红酒绿,纵情声色犬马。领导干部要善于在继承和发扬党的优良传统和作风中提高道德修养和增强道德定力,自觉抵制错误、腐朽思想侵蚀,面对外界一切干扰仍洁身自好。

保持抵腐定力"不被名利所动"。习近平总书记指出,清清白白做人,干干净净做事,坦坦荡荡为官。他同时告诫各级干部:"各种诱惑、算计都冲着你来,各种讨好、捧杀都对着你去,往往会成为'围猎'的对象。"面对无处不在的物质诱惑、花样百出的"围猎"手段,如何增强抵腐定力,是干部的必答题。古人云:"为将之道,当先治心。泰山崩于前而色不变,麋鹿兴于左而目不瞬,然后可以制利害,可以待敌。"干部必须时刻增强"不被名利所动"的抵腐定力,走出不良心理的"迷魂阵",修得百毒不侵的"心法",才能炼就"金刚不坏之身",做到拒腐蚀、永不沾。

83 成为腐败的"绝缘体"，成为强力清扫腐败的"钢扫帚"

习近平总书记指出："人民群众最痛恨各种消极腐败现象，最痛恨各种特权现象""必须下最大气力解决好消极腐败问题，确保党始终同人民心连心、同呼吸、共命运。"历史反复证明，如果腐败不除，最终会丧失民心，带来灾难性的后果。对党和国家而言，如果任凭腐败蔓延，会导致亡党亡国；对社会而言，腐败的存在会导致社会不公、不和谐；对腐败分子个人而言，腐败会导致身败名裂甚至家破人亡。

炼就金刚不坏之身，让百毒不能侵。习近平总书记指出："自己不检点，不清爽，不干净，让人家在背后指指点点的，怎么去要求人家啊？没法说，说了也没用啊！"这就要求干部首先要成为腐败的"绝缘体"。干部如果把自己变成"绝缘体"，就能从容面对腐败这个"高压线"。领导干部要遵守政治纪律和政治规矩，最大限度铲除腐败滋生的"土壤"，最大限度、最大程度地减少腐败现象的发生，确保海晏河清、政治清明；要培养健康的生活情趣，净化自己的"社交圈""生活圈""朋友圈"，不断加强党性修养，经常检点个人行为，保持共产党员政治本色，一心一意干事创业。

反腐务必先己后人，倡廉还需合力同心。习近平总书记指出："如果一个地方腐败问题严重，有关责任人装糊涂、当好人，那就不是党和人民需要的好人！你在消极腐败现象面前当好人，在党和人民面前就当不成好人，二者不可兼得。"领导干部要敢于斗争，带头克服明哲保身、怕得罪人的"好人主义"庸俗作风，敢于坚持原则，勇于揭露和纠正工作中的缺点和错误，对那些屡经教育仍不悔悟和改正的人说不，勇于把那些无可救药的蜕化变质分子、腐败分子坚决从党的队伍中清除出去；要坚定不移推进全面从严治党，坚持无禁区、全覆盖、零容忍，一体推进不敢腐、不能腐、不想腐，一以贯之、坚定不移推进党风廉政建设、开展反腐败斗争。

第 五 篇

立创业之志

84 没有远大理想，不能成为好干部；离开责任担当而空谈远大理想，也不能成为好干部

"志之所趋，无远弗届，穷山距海，不能限也。志之所向，无坚不入，锐兵精甲，不能御也。"理想信念是人的志向。理想远大的人，再遥远的地方也能到达，再坚固的障碍也能突破，再迷人的诱惑也能抵制，再艰难的挑战也能应对。习近平总书记指出："中国共产党之所以叫共产党，就是因为从成立之日起我们党就把共产主义确立为远大理想。"我们党之所以能够经受一次次挫折而又一次次奋起，归根到底是因为我们党有这份远大理想、坚定信念和崇高追求。

雄心志四海，万里望风尘。习近平总书记指出，"好干部要做到信念坚定、为民服务、勤政务实、敢于担当、清正廉洁""必须做到信念过硬，带头做共产主义远大理想和中国特色社会主义共同理想的坚定信仰者和忠实实践者"。是不是好干部，就是要看有没有共产主义远大理想和中国特色社会主义共同理想。共产主义理想是

以实现共产主义为基本内容的奋斗目标，是共产党人的最高理想。中国特色社会主义共同理想是坚定对中国共产党的信任，坚定走中国特色社会主义道路，坚定实现中华民族的伟大复兴。领导干部树立远大理想，不仅要树立共产主义远大理想和中国特色社会主义共同理想，还要把个人理想与家国兴亡、民族复兴的神圣使命结合起来，要坚决摒弃一切迷惘迟疑的观点，成为理想的坚定信仰者和忠实践行者，做到虔诚而执着、至信而深厚。

千古风流在行动，万里功名须躬行。习近平总书记指出："是否具有担当精神，是否能够忠诚履责、尽心尽责、勇于担责，是检验每一个领导干部身上是否真正体现了共产党人先进性和纯洁性的重要方面。"远大理想不是虚无缥缈的空谈，它的实现和它的坚定性最终要体现在行动上、工作中，领导干部要以责任担当、实际行动来展现理想信念的强大力量；要做起而行之的行动者，当攻坚克难的奋斗者，用知重负重、攻坚克难的实际行动，把远大理想和坚定信念熔铸到执政兴国的实践中，变理想为现实，干出不负人民重托、无愧历史选择的大事，诠释对党的忠诚、对人民的赤诚，在为人民利益的不懈奋斗中书写人生华章。只有胸怀远大理想、敢于负责担当的好干部越来越多，我们才会有"轻舟必过万重山"的坚强自信，才会有"直挂云帆济沧海"的动力源泉，才会离中华民族伟大复兴的中国梦越来越近。

85 秉持理想信念，保持崇高境界，坚守初心使命，敢于担当作为

在近百年的奋斗历程中，为人民谋幸福，为民族谋复兴，为世界谋大同，是对中国共产党人理想信念、前进动力的深刻揭示，是对中国共产党人崇高追求的集中概括，引领我们党的发展方向，昭示中国共产党人事业的正义性，彰显中国共产党人的使命担当。

理想信念犹如"定海神针"。理想信念是共产党人的政治灵魂，是共产党人安身立命的根本，是共产党人精神上的"钙"，是共产党人的精神支柱。习近平总书记指出："坚定理想信念，坚守共产党人精神追求，始终是共产党人安身立命的根本。""人生如屋，信仰如柱，柱折屋塌，柱坚屋固。"履行好新时代使命任务，领导干部更加需要筑牢精神支柱，秉持好实现共产主义这一最高理想和最终目标，以理想信念铸魂，在大是大非面前旗帜鲜明，在风浪考验面前无所畏惧，在各种诱惑面前立场坚定，在关键时刻靠得住、信得过、能放心。

秉忘我为民之心，持从政境界之高。习近平总书记曾说："这么大一个国家，责任非常重、工作非常艰巨。我将无我，不负人民。我愿意做到一个'无我'的状态，为中国的发展奉献自己。""无我"，既有钢铁意志，又具侠骨柔肠，这是一个共产党人应有的人生观、价值观，是需要我们永远追求的崇高境界。领导干部要保持"无我"的崇高境界，以忘我为民之心，践行全心全意为人民服务的宗旨。正确认识到"我"不再仅仅属于个人，而是交给了党、交给了人民，要一心为公，忘我奉献，在为实现党的要求、国家的大

局、人民的利益、工作的需要中，实现"我"的价值。

初心易得，使命易晓，然致远维艰。习近平总书记强调："越是长期执政，越不能丢掉马克思主义政党的本色，越不能忘记党的初心使命。"初心使命要一以贯之坚守，领导干部要做到坚定不移听党话、跟党走；要一往情深坚守，坚守对国家的深情，对人民的感情，对工作的激情；要一往无前坚守，坚决战胜前进道路上的艰难险阻，蹄疾步稳，勇毅笃行，不断将改革进行到底；要一身正气坚守，一身正气方能万众从，要做到心忠、行正、干实，以好作风交出"好作品"，为中国人民谋幸福，为中华民族谋复兴。

顺境逆境看襟度，大事难事看担当。敢于担当作为是党和人民群众对领导干部的基本要求，只有敢于担当、敢于作为的领导干部才能够肩负起党的历史使命。领导干部要加强学习，用理论武装头脑，保持头脑的清醒，将理论应用于实践，提升业务素质，涵养担当作为的底气；要坚定不移奋斗，向前拼搏，练就担当作为的硬脊梁、铁肩膀、真本事，扛下历史的重担；要敢于直面问题，面对大是大非勇于亮剑、面对矛盾迎难而上、面对危机挺身而出、面对失误承担责任、面对歪风邪气坚决斗争。

86 使命看得比天还大，工作看得比生命还重，形象看得比金子还贵

领导干部要把实践好、发展好、维护好最广大人民群众的根本

利益作为一切工作的出发点和落脚点，肩负起中华民族伟大复兴的时代使命；要在本职工作中走在前、作表率，尽心竭力为党和人民干更多更好的工作；要为理想而奋不顾身去拼搏、去奋斗、去奉献，以身作则为全党树形象，做示范，带好头。

使命高于天，丹心照汗青。一个时代有一个时代的主题，一代人有一代人的使命。中国特色社会主义进入新时代，处于新的历史方位，中国共产党的历史使命，是继续推进实现中华民族伟大复兴。踏上新征程，我们必须牢记使命、扛起使命、完成使命，要时刻树牢"使命高，高于青天上"的精神境界，不忘"筚路蓝缕，以启山林"的艰难困苦，切实记取"其作始也简，其将毕也必巨"的历史警训，在党的领导下，同人民一道，为实现中华民族伟大复兴的中国梦而不懈奋斗，唯有使命在肩，高于天、重于山，方可告慰历史、告慰先辈，方可赢得民心、赢得时代，方可善作善成、一往无前。

肃肃宵征，夙夜在公。毛泽东同志指出："什么叫工作？工作就是斗争。哪些地方有困难、有问题，需要我们去解决。我们是为着解决困难去工作、去斗争的。越是困难的地方越是要去，这才是好同志。"领导干部无论从事什么工作，本质上都是在为人民服务，要把它当作自己的终身事业，看得比家庭重要，比生命重要，关键时刻要站得出来、豁得出去，以舍生忘死的境界践行为人民服务的宗旨；要时刻把工作放在心上，兢兢业业、夙夜在公，以改革创新的精神和追求卓越的理念，在深入研究工作上下功夫，认真做好各项工作的深度谋划；要时刻把工作扛在肩上，干字当头，敢于担当、敢于作为、敢于负责；要时刻把工作抓在手里、抓好落实，不能站着干、更不能看着干，必须亲自干、带头干。

易求无价宝，难得形象好。习近平总书记强调："好干部要做到信念坚定、为民服务、勤政务实、敢于担当、清正廉洁。"用20个字画出了好干部"标准像"。领导干部的形象关系到党在人民心中的形象，要珍之若宝，视之胜金。树立新时代领导干部的良好形象，要紧紧围绕习近平总书记刻画的"标准像"，持之以恒锻造纯度、提炼浓度；要把理想高高举过"头"顶，做共产主义远大理想和中国特色社会主义共同理想的坚定信仰者；要把发展紧紧抓在"手"中，创造无愧于人民、无愧于时代、无愧于历史的业绩；要把名利远远抛在"身"后，恪守"清廉"二字；要把为民服务宗旨深深烙在"心"里，保持同人民群众的血肉联系。

87 把组织的信任当成责任，把肩负的使命看成生命

一代人担负一代人的责任，这是国家、民族发展的动力所在，也是历史得以延续的基础。新时代赋予新使命，新使命召唤新担当。领导干部是我们党的骨干力量，要在使命感的驱使下，凭借其积极性、主动性、创造性，成为国家、民族发展的主力，成为时代责任的担当者。

化信任为责任，变责任为动力。每一名干部都像树苗一样，都是经过组织的"精心浇灌、修枝剪叶"，打实了基础，苗壮成长

起来的。习近平总书记强调："好干部是选出来的，更是管出来的。""选"是通过"近水知鱼性，近山识鸟音"的近距离接触、多角度考察，"管"是全方位管理，把行为管理和思想管理统一起来，慎选就是信任，严管就是厚爱，是对干部真正信任。干部要把组织的教导与信任当成期望与责任，不断加强党性修养、筑牢信仰之基，加强政德修养、打牢从政之基，严守纪律规矩、夯实廉政之基，健全基本知识体系、强化能力之基；要强化党的意识和组织观念，自觉做到思想上认同组织、政治上依靠组织、工作上服从组织、感情上信赖组织；要用行动诠释感恩与责任，把为人民服务的宗旨付诸实践、见之于行动，用工作和实绩说话。

变初心为恒心，视使命如生命。我们党自成立以来始终初心不变、使命不改，就是为中国人民谋幸福，为中华民族谋复兴，因为肩负着这个崇高使命，中国共产党才找到了解决中国问题的出路，中国共产党人才会不怕牺牲、勇往直前，干成一件又一件大事。生命如画，有浓墨泼洒，也有淡笔轻描；生命如歌，有轻吟浅唱，也有黄钟大吕。使命于生命，需如浓墨挥之不去，如大吕铭记于心。领导干部要牢记我们党肩负的实现中华民族伟大复兴的历史使命，在实践中担负使命、践行使命，把使命内化于心，变成锐意进取、开拓创新的精气神，外化于行，落实为干事创业、埋头苦干、勇于担当的行动。面对世界百年未有之大变局，唯有初心如磐，使命在肩，不惧艰险，不计私利，把责任扛在肩上，以之担道义，把使命放在心上，视之如生命，用生命捍卫"生命"，才能为中国人民谋幸福、为中华民族谋复兴，才能续写共产党人的辉煌与荣光。

88 要始终心怀"事不避难、义不逃责"的使命感

"为官避事平生耻。"习近平总书记指出:"党的干部必须坚持原则、认真负责,面对大是大非敢于亮剑,面对矛盾敢于迎难而上,面对危机敢于挺身而出,面对失误敢于承担责任。"面对复杂多变的国际形势和艰巨繁重的国内改革发展任务,实现"第二个百年"奋斗目标,要肩负使命和责任破解具有许多新的历史特点的困难问题。

难事从来不怕有心,心坚便可炼成金。"越困难越有劲"是邓小平的战略选择,"愈艰难,就愈要做"是鲁迅的处世态度。"善行者究其难",事实一再证明,没有艰苦奋斗,就没有波澜壮阔。"不畏苦寒,自得其芳",一切不平凡的成就,皆源自不弃涓滴的付出,甘做难事,方能胜任大事,历史只会眷顾坚定者、奋进者、搏击者,荣耀总是垂青那些不惧困难、担当任事、保持干劲的人。愿不愿直面问题,敢不敢跳进矛盾漩涡,能不能攻坚克难、开路架桥,考验的是觉悟,决定的是成败。领导干部在岗位上经历一些难事、急事、大事、复杂的事,才能够更加深刻地感受国情、社情、民情,也就是人们常说的"接地气",唯有知难而进、迎难而上,勇挑重担、奋斗不止,把困难当作垫脚石,把干劲当作催征鼓,才能夺取一个又一个胜利。

事辍者无功,逃责者无获。古语有云,"不患无策,只怕无心",意思就是一个人的学识、能力、才华很重要,但缺乏责任感、责任意识、责任心,就不堪大用。习近平总书记指出:"看一个领导干

部，很重要的是看有没有责任感，有没有担当精神。"实践证明，责任胜于能力，能力要靠责任来承载，干事创业，真正需要的是既有能力又有责任心的人。领导干部不负责任，就会损害党的形象，败坏社会风气，动摇党的执政地位。领导干部要充分认识责任的重要性，时刻牢记自己的第一职责是为党和人民工作，咬紧"责任"二字，让责任鞭策、激励、监督自己，自觉做到对党的事业和人民负责、尽责、担责，做到心在事业、积极有为，在为党分忧、为国尽责、为民奉献的不懈奋斗中善作善成、建功立业，彰显中国共产党人的政治本色。

89　要始终心怀"时不我待、只争朝夕"的紧迫感

"多少事，从来急；天地转，光阴迫。一万年太久，只争朝夕。"传世的词句，今天仍然映照现实。习近平总书记强调，要以时不我待、只争朝夕的精神投入工作，把力量凝聚到实现党的十九大确定的目标任务上来，不断开创新时代中国特色社会主义事业新局面。

没有等来的辉煌，只有拼来的精彩。"时不我待，只争朝夕"是一种精神。这种精神，意味着"闻鸡起舞"、争分夺秒，意味着奋发向上、永不停息。这种精神，是"新时代"共产党人应该具备的"精气神"。习近平总书记说过："昨天的成功并不代表着今后能够永远成功，过去的辉煌并不意味着未来可以永远辉煌。"在中国特

171

色社会主义建设进入新时代的今天，"时不我待，只争朝夕"，就是告诫全党"行百里者半九十"，要谦虚谨慎，保持斗志，以免功亏一篑。

奋斗无穷期，追梦正当时。梦在前方，路在脚下。新时代属于每一个人，每一个人都是新时代的见证者、开创者、建设者。站在新的历史方位，面对我国社会主要矛盾已经转化为人民日益增长的美好生活需要和不平衡不充分的发展之间的矛盾，新时代给我们推动改革、发展经济、保障民生、维护稳定、应对风险等都提出了新的要求。时间不等人，历史不等人，领导干部要激荡起时不我待的冲锋、只争朝夕的奋斗，把未来掌握在自己手中，把握发展机遇，把稳发展航向，把人民对美好生活的向往变为现实，让国家和党的事业发展按照稳定的节奏不断向前。

发展未有穷期，理当共同努力。当今世界正经历百年未有之大变局，经济全球化大潮滚滚向前，地缘政治风险、单边主义、保护主义暗流汹涌，对实现中华民族伟大复兴的历史使命形成了前所未有的新挑战新要求。实现中华民族伟大复兴，是中国共产党的奋斗目标，也是中国各族人民的美好愿景。目标明确，时间明确，要在规定的时间里完成明确的目标，关键是效率，没有效率，目标就会成为空谈，承诺就会沦为笑柄。效率不效率就看争不争朝夕，各级领导干部要有只争朝夕、不负韶华的使命感与紧迫感，与时代同频共振，把个人奋斗融入时代洪流，用人生的出彩支撑伟大中国梦的成真，共同汇聚起奋进新时代、书写新篇章的强大合力。

90　要始终心怀"但愿苍生俱温饱，不辞辛苦入山林"的责任感

习近平总书记多次强调"心无百姓莫为'官'"。人民是历史的创造者、书写者、评判者，时刻把人民放在心上，才能温暖人民心中最柔软的地方。《之江新语》中写道："我们的各级领导干部是人民的勤务员，我们的职权是人民赋予的，我们的责任就是向人民负责。"

民生无小事，点滴见初心。群众利益无小事，群众的一桩桩"小事"，是构成国家、集体大事的"细胞"，小的"细胞"健康，大的"肌体"才会充满生机与活力。"为民"二字，看似简单，实则任重，党的干部要坚持以人民为中心，时时刻刻把群众的冷暖挂在心上，真心诚意地为人民群众办实事、做好事、解难事；要坚持问题导向，从群众最关心、最直接、最现实的事入手，老百姓期盼什么，就朝什么方向努力；要坚持底线思维，着力解决好民生领域存在的突出短板和薄弱环节，在"稳"和"保"的基础上积极进取；要做服务型领导干部，常念百姓家，常登百姓门，常记百姓忧，常解百姓难，心里装着群众，凡事想着群众，工作依靠群众，一切为了群众，把群众的事当自家的事，让人民群众安心、放心、舒心。

爝火燃回春浩浩，洪炉照破夜沉沉。习近平总书记指出："一切为民者，则民向往之。"干部的职权是人民赋予的，干部的责任就是向人民负责。强化为民服务意识要富有责任感，责任感是服务人民的最准切入点，领导干部要正确认识权力与责任的关系，提高责

任意识，愿干愿为；要真心实意地帮助群众解决好生产生活中存在的问题，把工作做细、做好、做实；要从谋事情、抓工作的基本点出发，自觉站在人民群众利益的大局上想问题、作决策、抓工作，凡是符合群众利益的事，都要竭力去做；要下功夫掌握真情实况，深入基层，了解百姓冷暖，只有求得"真"，才能务得"实"。

安得广厦千万间，大庇天下寒士俱欢颜。任何一项伟大的事业，从来不是一蹴而就的。肩负新使命、踏上新征程，领导干部只有身先士卒、带头垂范，勤勉履职、扎实尽责，才能带动广大党员干部队伍坚守职责、不辱使命；只有切实扛起一切为人民服务的责任感，才能锻造更多勇于担当的宽厚肩膀，从而不断激荡新气象、成就新作为，肩负起民族复兴的历史重任。

91　当好千里马，做好领头羊，争当孺子牛

"千里马"日行千里，才华满腹，潜心磨砺。"领头羊"体格健壮，思维敏捷，敢为人先。"孺子牛"俯首耕耘、无私奉献，干劲十足。作为党的干部，要踏实进取，潜心静气，不断提升理论素养和业务能力，追求卓越；要有表率意识和争先意识，敢于担当，身先士卒；要深入群众，像牛一样，勤勤恳恳，真抓实干。

志在千里，终成骐骥。俗话说"高度决定视野，尺度把握人生"。只有抱负远大，才能思想上不失向，心态上不失衡，行为上不失范，才能真正地做到不为金钱所动、不为地位所迷、不为权力

所困、不为关系所扰。作为领导干部，要有鸿鹄之志，争做心存高远、壮志凌云的"千里马"，树立远大理想、放眼长远目标、塑造敏锐思想、开阔视野目光；要学好和掌握科学知识、文化知识、专业知识、理论知识、社会知识，不断提高与时代发展和事业要求相适应的素质能力，大胆实践，积极进取，实现人生价值，让生命在新时代的浪潮中怒放，在实现中华民族伟大复兴中国梦的征程中书写奔腾万里的奋斗篇章。

火车跑得快，全靠车头带。在人民群众心中，领导干部是旗帜、是榜样、是主心骨、是领头羊，要以身作则，率先垂范，一级做给一级看，一级带着一级干；要做敢为人先的"领头羊"，把群众放在心中最高位置，同群众风雨同舟、血脉相连、生死与共，带头冲在第一线，主动担当作为，不当旁观者、局外人，当好各项工作的引路人、带头人；要做攻坚克难的"领头羊"，带头励精图治，带头干事创业，赓续攻坚克难的优良作风，勇挑重担、勇克难关、勇斗风险，在劈波斩浪中开拓前进，在披荆斩棘中开辟天地。

除尽私心为民众，守好公心当公仆。习近平总书记强调："要坚持不懈强化宗旨意识，解决好党员、干部是人民公仆的角色定位问题。"我们党来自人民、根植人民，党的各级干部都是人民的公仆，只有坚持以人民为中心，才能永葆中国共产党人的鲜明政治本色。领导干部要始终牢记全心全意为人民服务的宗旨，涵养造福人民勇于担当、建功人民前仆后继的境界与追求，做到为人民别无所求；要一往无前地为人民服务、为群众解忧，在为人民服务的第一线"拉好犁""耕好地""操好田"，真正成为群众靠得住、信得过的"孺子牛";要积极主动将个人小我融入人民大我之中,在时代进步中追求个人进步,在人民成长中实现自身成长,成为实现中华民族伟大复兴的耕耘力量。

92 甘做栽树人,甘当铺路石,甘为孺子牛

历史一再提醒和告诫我们,党和人民的事业不是一朝一夕、几年几十年的事情,而是千秋万代的事业。这需要党的干部以无私奉献的精神久久为功,以"朝受命、夕饮冰"的担当和"昼无为、夜难寐"的责任,为党和人民的事业付出全部身心。

不慕绿荫乘凉梦,花木成蹊手自栽。对于革命前辈来说,我们是"后人",我们享受了他们创造与奋斗的成果,我们是"乘凉者",但对于同时代的广大人民群众来说,我们又是奋斗路上的"前人",要为他们栽好树。"君子贵人贱己,先人而后己",中国共产党的宗旨是全心全意为人民服务,新时代的领导干部要争做无私奉献的"栽树人",要严格要求自己,时刻牢记"栽树人"的身份,奉献自己,造福人民;要争做不畏艰难的"栽树人",在工作遇到困难时,敢与阻路的大石碰撞,粉碎阻路石,为人民力求甘霖露;要争做开拓创新的"栽树人",勇为先锋,敢为人先,学会找方法、寻路子,紧跟时代的步伐开拓创新,不断提高工作效率,更有效且正确的为人民服务。

献身大道,承载人民。任何一项改革、任何一项伟大决策部

署、任何一项伟大工程，都需要无数人的共同努力。谁干最苦最累的活，谁当吃亏者，谁第一个冲锋陷阵，考验的是共产党人的担当意识。新时代党的干部要以砥砺奋斗担负起时代赋予的历史重任，做有干劲、有抱负、有担当、有价值、有作为的"铺路石"；要充分发扬默默无闻、不屈不挠的精神，人民哪里需要，就把自己铺在哪里，始终不渝、坚定不移地在所在位置上发挥自己的最大效能，风雨无阻，寒雪不退，承载着人民，承载着历史的巨轮，推动党和人民的事业发展。

捧着一颗心来，不带半根草去。习近平总书记指出，我们党如今成为世界上最大的政党，一个根本原因就是始终坚持以人民为中心，始终发扬为民服务"孺子牛"精神。时代在变化，社会在发展，但在共产党人的精神谱系中，"孺子牛"精神永不过时，为实现好、维护好、发展好最广大人民根本利益的奋斗身影，既是一以贯之、传承至今，也必将存留后世、历久弥新。踏上新的征程，只有继续甘为人民的"孺子牛"，才能不断为民谋幸福。甘为"孺子牛"，要心中装满忠诚与信念，用忠诚奉献不断铸就党和人民的事业，明辨公与私、看清舍与得，不为私心所扰、不为名利所累，始终保持奋斗的激情，以接续奋斗诠释为民情怀、践行报国之志。

第 六 篇

求务实之效

93 为政重在廉，做人重在诚，说话重在信，办事重在实

《论语·为政》中指出，"为政以德，譬如北辰，居其所而众星共之"。既重视以德修身，也重视从政以德，这是我国传统文化的精华，也是我国政治思想的一个显著特点。我们党善于继承优秀历史文化遗产，立足现实对古代德治思想进行当代阐释，可以加强领导干部队伍建设。为政以德，一要常修廉洁之德，筑严思想政治防线；二要常修诚信之德，筑牢德之根基；三要常修求真务实之德，不断开创新的业绩。

甘守清廉报家国。官以不贪为宝，民以清官为宝。作为党的干部，要守得住清贫、耐得住寂寞、稳得住心神、经得起考验，不放纵、不逾矩，始终保持一身正气；要慎初，时刻紧盯廉洁从政"红绿灯"，手握戒尺、勤于自省，在小事、小节、小利面前严格要求自己，做到大事不糊涂、小事不马虎，见微知著、防微杜渐，发挥表率作用；要切实把廉洁从政作为立身之本、为官之基、从政之要，筑牢拒腐"防线"，坚守廉洁"底线"，远离高压"红线"。

唯诚可以走天下。高尔基曾说："走正直诚实的生活途径，定会有一个问心无愧的归宿。"诚实，即忠诚老实，就是忠于事物的本来面貌，不隐瞒自己的真实思想，不掩饰自己的真实感情，不说谎，不作假，不为不可告人的目的而欺瞒别人。党的干部要始终做到"诚于中、形于外"，忠诚于自己的初心、忠诚于共产主义信仰、忠诚于党和人民的事业，确保心里想的和实际做的一致，做到圈里圈外一个样，台上台下一个样。

毁信容易守信难。守信就是讲信用、守诺言。守信是领导干部的一张政治名片、一种无形资产，是铸就领导干部人格魅力的重要基石，也是领导干部在群众中树立威望的重要条件。领导干部要带头讲信用，以身作则，做到言必行，行必果；要将守信内化为美德，外化为具体行动，把守信转化为感召力和向心力，变成解决实际问题的能力；要不断增强守信自觉，做到对党守信，对人民群众守信，用好手中权力，言必行，行必果，以实际行动取信于民。

事君务实勿沽名。领导干部办事要实，既要有"绝知此事要躬行"的自知自觉，也要有"咬定青山不放松"的坚韧不拔；要定实策，坚持唯实不唯上，避免政治上的盲目性、思想上的主观随意性，确保政策科学有效；要出实招，坚持实事求是，积极创新积累，加强调查研究，拿出破难题、抓成效的好招、实招、快招，确保措施精准可行；要求实效，坚持结果导向，以实际效果论英雄，防止唯过程论，确保效果符合预期。

94　干部贵就贵在"实干"，就要"在其位谋其政"

习近平总书记强调，"空谈误国，实干兴邦"这个口号是邓小平同志在1992年视察南方途中提出来的。我国改革开放40多年的实践充分证明了这个真理。面向未来，基本实现现代化要靠实干，实现中华民族伟大复兴要靠实干。奋进新时代，实干就是硬道理，新时代是奋斗者的时代，一切办法，只有在实干中才能找到；一切问题，只有在实干中才能解决；一切机遇，只有在实干中才能抓住。

说一千道一万，"两横一竖"是个"干"。伟大梦想不是等得来、喊得来的，而是拼出来、干出来的。作为领导干部，必须牢记干字当头，保持实干工作姿态，围绕既定目标狠抓落实，做到说了就算、定下就干、干就干成，用实干工作姿态彰显新时代领导干部工作的精气神，书写奋斗拼搏的新篇章。实干是连通"知"与"行"的桥梁，一"实"当先可胜百"巧"，唯有真抓实干，我们孜孜以求的"中国梦"才不仅仅是梦幻般的图景，而是脚下真真切切的路，是肩上实实在在的担子。脚上沾满多少泥土，心中便沉淀多少真情。肩负新的使命，领导干部的足迹不能"缺泥少土"，在其位，要立足本职，脚踏实地，做到真正地放下架子、扑下身子，第一时间为群众排忧解难；谋其政，要敢于担责，大胆创新，秉持"时不我待"的气魄和担当，收获实打实的工作成效。

实干是实干家的通行证，空谈是空谈者的墓志铭。一切办法，只有在实干中才能找到；一切问题，只有在实干中才能解决；一切机遇，只有在实干中才能抓住。领导干部不实干，就没有立身之基、立德之道、立业之本，就会沦为"政坛摆设""公堂木偶"。奋进新时代、书写中华文明新的辉煌篇章，领导干部要在实干担当中铸就中华民族复兴的千秋伟业。领导干部要实干，要静实干之心，以干尽责，以干好事、完成好本职任务为恪尽职守的根本前提，以是否干成事为衡量是否尽责、是否称职的根本标准，以脚踏实地为立身之本，以干好实事求心安，以不辱使命求心慰；要聚实干之力，坚持原则不含糊，真诚待人不忽悠，敢于负责不推诿，严谨细致不马虎；要养实干之气，自觉珍惜干事的机会、认真用好干事的平台、切实把握干事的时间，努力为党和人民干好事，通过多岗位的历练、艰苦环境的磨炼，提高应对复杂局面、解决实际问题和攻坚克难的能力。

95 不讲实话，再漂亮的言辞也是哗众取宠；不干实事，再美好的蓝图也是画饼充饥

习近平总书记强调，做人要实，就是要对党、对人民、对同志忠诚老实，做老实人、说老实话、干老实事，襟怀坦白，公道正派。讲实话、干实事，这既是中华民族的传统美德，也是共产党人的时代要求，最能检验和锤炼党性。

宁为真话负罪，不为假话开脱。讲假话有时会骗过上级检查、获得领导赏识，但不实的东西，只能博得一时、表面的风光，终归经不起历史、实践和人民群众的检验，终归会被识破。习近平总

书记指出，在领导机关、领导干部中，要进一步营造和保持讲真话、讲实话、讲心里话的良好氛围，鼓励如实反映情况和提出不同意见。讲实话，就是有一说一、有二说二，不夸大、不缩小，客观真实地表达自己的意见和看法，不口是心非、阿谀奉承，不华而不实、夸夸其谈，不哗众取宠、蛊惑他人。讲实话，是共产党人应有的政治品格，体现的是忠诚和担当，彰显的是知行合一、表里如一的坚强党性和高尚情操。领导干部不仅要有实事求是的作风，还要有实事求是的话风，要讲符合实际的话不讲脱离实际的话，讲管用的话不讲虚话，讲有感而发的话不讲无病呻吟的话，讲反映自己判断的话不讲照本宣科的话，讲明白通俗的话不讲故作高深的话。领导干部只有讲实话、真话才能使党和人民群众有真正良好的沟通。

事虽小，不为不成。习近平总书记指出："一定要树立求实精神，抓实事，求实效，真刀真枪干一场。"他指出衡量一个干部的好与差，就是看他能不能小实事，能不能打开局面。"天上不会掉馅饼"，美好生活等不来，不干实事，再好的蓝图也只是镜中花、水中月。干实事就是形象、就是口碑、就是力量，是新时代干部工作作风的"压舱石"，是干部勇担当、善作为的"试金石"，是中华民族伟大复兴之路的"铺路石"。领导干部要牢固树立正确政绩观，把干事的出发点放到为党尽责、为民造福上，把干事的落脚点放到办实事、求实效上，使干实事成为一种风尚和习惯；要在深入调查研究上下功夫，只有掌握了群众的所思所想、所急所忧，才能干出真正的实事；要在严明政治纪律和政治规矩上下功夫，坚决摒弃空泛表态、应景造势、敷衍塞责、出工不出力等不良风气，让人民群众有更多更直接更实在的获得感、幸福感、安全感；要在提高能力素质上下功夫，加强理论学习，运用干事创新的科学方法论，把中央要求、群众期盼、实际需要结合起来，把事办实、办成，利用实践力量，为中华民族伟大复兴提供坚强动力支撑。

96 敢接"烫手山芋"，敢面对"老大难"问题，努力扛起事业发展的"千钧担"，当好解决问题的"主攻手"

人生需要历练，也需要磨难。习近平总书记在2020年秋季学期中青班开班式上强调，干部特别是年轻干部要提高政治能力、调查研究能力、科学决策能力、改革攻坚能力、应急处突能力、群众工作能力、抓落实能力，勇于直面问题，想干事、能干事、干成事，不断解决问题、破解难题。环境越艰苦、斗争越复杂、局面越危险、突发考验越多，越要想出"金点子"、拿出"好招数"，做到"花繁柳密处拨得开，风狂雨急时立得定"，经历风霜雨雪后而屹立不倒。

迎难而上，挺身而出，动真碰硬。争当勇者，敢于涉险滩，敢闯无人区。领导干部作为党和国家事业的核心，承载着党和国家事业发展的希望与未来，要有敢于接"烫手山芋"的魄力和勇气，不相互推诿，不来回"踢皮球"，杜绝遇到问题绕着走、碰到困难就掉头的不良习惯。领导干部在攻坚克难中提升战胜困难的勇气、攻克难关的雄心、迎接挑战的魄力，在不断解决问题中磨炼意志、锤炼品格，锤炼党性，锤炼作风；要敢于面对"老大难"问题，勇于创新创业，杜绝按部就班，任其"坐大变老"；要敢于铲除病灶，既要像防病治病一样抓早、抓小、抓病灶，更要敢于大胆开刀；要克服落后观念，在单位中起到模范带头作用，面对新老问题叠加、新旧矛盾交织，事不避难、主动作为、迎难而上、敢于碰硬，正视问题不回避、承担责任不推诿、直面矛盾不上交，平常时候看得出来、关键时刻站得出来、危急关头豁得出去。

勇挑重担，逢山开路、遇水架桥。新时代新要求，在时代奋进的征程上，道路充满风险、困难和挑战，随时有荆棘、坎坷。领导干部"凡事都要脚踏实地去做，不驰于空想，不骛于虚声，而惟以求真的态度做踏实的工夫"，立足本职、爱岗敬业、勇于担当，时刻牢记肩上的重任，通过全方位"锤、打、炼、压"，激活"看家本领"，以求实为本，以落实为责，兢兢业业地创造一流的工作业绩，百炼成钢，成为党的事业的中坚力量；要在困境和挑战面前争当逢山开路、遇水架桥的主力军，敢试敢闯，抓住机遇、战胜困难、争取主动，对认准的事、必须做的事，顶着压力也要干，冒着风险也要担，埋头干，不犹豫、大胆干；要当好改革创新的"领头雁"、当好化解纷争的"金钥匙"、当好引领发展的"源动力"，多用脑子、扑下身子、甩开膀子，以迎难而上、知难而行的勇气和决心，干工作、破难题、抓落实，做到"心中有责、眼中有活、脑中有法、脚下有印"。

97 共产主义的信仰者，能挑重担的特种兵，奉公守法的勤务员，勤勉尽责的实干家

信仰是一个人的精神内核，是支撑人坚定走下去的动力源泉。今天，无数党员干部为了全面建设社会主义现代化，为了实现中华民族伟大复兴中国梦公而忘私、锐意进取、努力拼搏，就是源自对共产主义和中国特色社会主义的坚定信仰和发扬敢于担当、奉公守法、埋头苦干的精神。

心中有信仰，脚下有力量。理想信念高于天，共产党人的理想信念，必须是最彻底最崇高的共产主义远大理想，必须是最广泛最有代表性的中国特色社会主义共同理想。唯有树立中国特色社会主义共同理想，我们才能"以百姓心为心"，才能真正把人民对美好生活的向往作为自己的努力方向。领导干部要树立对马克思主义的信仰、对中国特色社会主义的信念、对中华民族伟大复兴中国梦的信心，到人民群众中去，到新时代新天地中去，让理想信念在创业奋斗中升华，让激情在创新创造中闪光。

召之即来，来之能战，战之必胜。为政之道，修身为本。新时代需要新作为。在实现中华民族伟大复兴的道路上，领导干部要在学思践悟中牢记初心使命，在细照笃行中不断修炼自我，做起而行之的行动者，以时不我待的紧迫感在工作中积累经验、增长才干，切实把知识转化为能力，形成本领；要积极应对重大挑战、抵御重大风险、克服重大阻力、解决重大矛盾，迎难而上、挺身而出；要勇挑重担、勇克难关、勇斗风险，保持初生牛犊不怕虎、越是艰险

越向前的刚健勇毅，勇立时代潮头，争做时代先锋。

奉公如法则上下平，上下平则国强。孟子曾说，"不以规矩，不能成为方圆"。对于党员干部而言，规矩就是党纪国法，没有强烈的守规矩意识，势必会给事业带来损害，甚至身陷囹圄。国不可一日无法，家不可一日无规，规矩是每一个人都应该遵守的办事规则和行动准绳。领导干部要遵规守矩，敬畏党纪国法，牢记权力来自于民，必须为民所用，时刻牢记全心全意为人民服务的根本宗旨，不忘国家和人民赋予的使命，永远把人民对美好生活的向往作为奋斗目标，在思想上牵挂群众、感情上贴近群众、工作上为了群众。

当官者一日不勤，下必有受其弊者。说的是做官一日不勤奋，就会受蒙蔽、就会误事。勤政，就是要"撸起袖子加油干"，以求真务实的态度、真抓实干的作风，勤政务实，夙夜在公。领导干部要注重真抓实干，身先士卒、带头垂范，不能耍"花架子""空噱头"，要踏踏实实的"做老实人、说老实话、办老实事"，把老百姓的事当事，从实际出发，心里时刻记着党和人民的期盼，一步一个脚印，与百姓的心声合拍，真正做到勤勉履职，扎实尽责。

98 在献身事业、真抓实干中涵养家国情怀，在知难而进、敢闯敢干中修炼无我境界，在艰苦奋斗、埋头苦干中锤炼高尚品德

"自古贤能多恋故，向来才俊爱家园。"中国特色社会主义建设

已经迈进新时代，新时代有着新的发展主题，面临新的发展任务，呼唤有家国情怀的能人志士在新时代的建设实践中施展真本领。"无我"彰显了共产党人立党为公、执政为民的大格局，有了这种格局，才能诚心诚意为民、公平公正惠民，引领全国各族人民走上民族复兴的宏伟征程。国无德不兴，人无德不立。沿着历史的轨迹回望，止于至善，是中华民族始终不变的人格追求。站在时代的转角远眺，我们要建设的社会主义现代化强国，不仅是在物质上强，更是在精神上强。

保家卫国雄心在，何惧无回路征程。家国情怀是几千年来扎根在中国人内心深处的精神元素，需要广大干部在真抓实干中弘扬与传承。真抓实干是一种不畏艰险、英勇顽强的斗争精神，奋发向上、锐意进取的创业精神，忧国忧民、甘于奉献的献身精神，是一切工作取得成效的关键和保证。世上任何事，只有干出来的精彩，没有等出来的辉煌，把宏伟蓝图变成现实，关键在于真抓实干。社会主义是干出来的，全面小康社会是干出来的，落实"十四五"，实现二〇三五年远景目标，建设社会主义现代化国家，一切都需实干。领导干部要将立身养德的坚守、立志报国的追求和胸怀天下的担当融入血液，做行走于人民中的"热心人"，为民奔走的"操心人"，为中华民族大家庭作出最大贡献。

男儿何不带吴钩，收取关山五十州。有什么样的奋斗姿态，就有什么样的事业和成就。始终保持敢闯敢干、一往无前的奋斗姿态，不仅是我们党奋斗历程的经验总结，更是夺取新时代中国特色社会主义伟大胜利、实现中华民族伟大复兴的必然要求。领导干部要始终保持敢闯敢干、一往无前的奋斗姿态，以"逢山开路、遇水架桥"的闯劲、"知难而进、迎难而上"的拼劲，锐意进取、埋头苦干，勇于变革、勇于创新，不断闯关夺隘，战胜前进道路上的一切艰难险阻，继续朝着实现中华民族伟大复兴的宏伟目标奋力前行，真正做到常修常新"无我"之高尚境界。

道不可坐论，德不能空谈。艰苦奋斗是我们中华民族的传统美德，更是我们党的事业发展壮大、创造辉煌的重要保证。不论我们国家发展到什么水平，不论人民生活改善到什么地步，艰苦奋斗的思想永远不能丢。每一名领导干部都要始终做到以身作则、率先垂范，把传承和弘扬艰苦奋斗精神作为一种高尚的政治品德来坚守，做到居安思危、戒奢以俭，吃苦在前、享受在后，以实际行动把艰苦奋斗精神坚守和传承；发扬并光大，永葆共产党人艰苦奋斗的高尚情操和政治本色。

99 一马当先的冲锋者，大刀阔斧的改革者，转型发展的先行者

习近平总书记指出："干部干部，干是当头的，既要想干愿干积极干，又要能干会干善于干，其中积极性又是首要的。"只有党员干部沉下心来，真心愿干、公心敢干、用心实干、匠心巧干，我们的党才有力量，我们的国家和民族才有希望。时代总是需要领头人，困难总是需要解决人，麻烦总是需要有勇气的人。任何事情都

需要做，任何困难都需要解决，唯有实干和担当是唯一的出路。

敢当冲锋一线的"战士"。面对新的征程，容不得彷徨、犹豫和懈怠，需要以奋斗者的姿态披荆斩棘，不断开辟新的局面。领导干部要有敢于冲锋陷阵的"大心脏"，涵养旺盛的斗争精神，面对百年未有之世界大变局，当仁不让积极投身于实现伟大斗争、伟大工程、伟大事业、伟大梦想中去；要投身基层火热实践中，坚定斗争意志，敢于在防范化解风险、乡村振兴等重大难点工作中攻坚克难，在敢于斗争、善于斗争的状态中发光发热，成为敢于冲锋陷阵的新时代"战士"。

勇当破冰行动的"利器"。古语云："木秀于林，风必摧之。堆出于岸，流必湍之。行高于人，众必非之。"这句话本告诫人们要收敛锋芒、低调做人，才能安然度日，不引人忌妒。但是，当前我们正站在"两个百年"历史交汇点上，踏上"十四五"新的征程，迎来新的历史起点。领导干部要有"木必秀于林"的担当和勇气，勇挑时代重担，让秀木之枝在新时代担当新使命；展现新作为，枝丫向四周远处繁茂；要跳出个人舒适圈，敢打"攻坚战"，勇闯"深水区"，迈过一道道难关，跨越一道道沟壑，打开新局面，做积极有为、勇于创新的当代干部。

争当转型发展的"先锋"。在转型发展上率先蹚出一条新路来，既是重大使命，也是历史责任。观念决定思路，思路决定出路。推进转型发展，领导干部要先转型、先"升级"，要牢记为民宗旨，把握新发展理念的"人民性"，坚持人民至上、关注民生需求、倾听群众呼声、积极主动作为；要摒弃"一招走天下"的老习惯、"大水漫灌"的旧思维，牢牢把握新发展理念的"精准性"；要增强忧患意识，把握新发展理念的"系统性"，既做好应对复杂困难局面的准备，又做到"五大发展理念"齐头并进、协调统一，针对各领域各环节的风险隐患及时预判、系统研判、未雨绸缪。

100 面对大是大非敢于亮剑不当"绅士"，面对矛盾迎难而上不当"鸵鸟"，面对风险挺身而出不当"逃兵"

习近平总书记指出，敢于担当就是要坚持原则、认真负责，面对大是大非敢于亮剑，面对矛盾敢于迎难而上，面对危机敢于挺身而出，面对失误敢于承担责任，面对歪风邪气敢于坚决斗争。简言之，就是遇到问题不回避，遇到困难不躲避，遇到风险不逃避，敢于担责、敢于亮剑、敢于改革，还要对工作任劳任怨、尽心竭力，善始善终、善做善成。

勇于发声，敢于亮剑。领导干部第一身份是共产党员，领导干部敢于担当必须讲党性，有正确的是非观，在根本原则问题上要旗帜鲜明。领导干部要在思想上、政治上、行动上旗帜鲜明地反对和抵制一切违背、歪曲、否定党的基本路线的言行，坚决捍卫党的基本路线，坚决维护党和国家形象，坚决捍卫马克思主义的指导地位，抵制否定党的领导、社会主义制度和改革开放的言行，抵制歪曲、否定中国特色社会主义的言行；要旗帜鲜明地维护党和国家工作大局、维护改革发展稳定大局、维护党的领导和国家政治安全大局、维护全党全国团结大局。

怕走崎岖路，莫想登高峰。直面问题是做好一切工作的基础。想干事的干部越来越多，能干事的干部也越来越多，这是好的形势。但是，归根结底还是应该落脚在干成事上，而干成事则需要解决问题、破解难题。简单来说，就是要做到直面问题。只要是问题就需要解决，只有解决了前行中遇到的问题，搬走"问题的绊脚石"，才能更好地前行。领导干部要以积极的态度面对困难、迎接挑战，有"直面问题"的勇气，必须"迎着问题走"而不是"绕开问题走"，切实解决群众"急难愁盼"的问题，在解决问题、破解难题中阔步前行，才能不辜负这个伟大的时代。

沧海横流，方显英雄本色。如今，我们所处的是"船到中流浪更急、人到半山路更陡"的时候，是愈进愈难、愈进愈险，而又不进则退、非进不可的时候。这其中的一个重要表现，就是前进道路上遇到的风险更多、挑战更多。领导干部要坚持以习近平新时代中国特色社会主义思想为引领，增强"四个意识"、坚定"四个自信"、做到"两个维护"，发扬革命战争年代那种敢于牺牲、不怕困难的斗争精神，在困难面前不低头、在重大风险挑战面前不退缩，关键时刻不当逃兵，勇敢战风斗雨、披荆斩棘，朝着实现中华民族伟大复兴的目标奋勇前进。

101 关键时刻豁得出、重大任务面前冲得上的"猛将"，攻坚克难中闯关夺隘、攻城拔寨的"闯将"，推进改革发展中敢于担当、狠抓落实的"干将"

大事难事看担当，考验面前见精神。习近平总书记指出："要做起而行之的行动者、不做坐而论道的清谈客，当攻坚克难的奋斗者、不当怕见风雨的泥菩萨。"关键时刻冲得上去、危难关头豁得出来，才是真正的共产党人。唯有担当作为、勇毅前行，做冲锋陷阵的战士，保持冲劲、韧劲、实劲，才能不负初心使命，以实绩汇聚奋进的澎湃动能。

敢当铁匠硬碰硬，不做瓦匠和稀泥。"危难时候先伸手。"危急关头不是每位党员都会遇到的，一旦遇到，能不能"豁"得出、敢不敢"豁"得出、是不是"豁"得出是对党员的重大考验。党员干部要坚定理想信念，牢记使命，履职尽责、许党报国，为实现"两个一百年"奋斗目标、实现中华民族伟大复兴的中国梦贡献智慧和力量；要对党忠诚，积极工作，争做党和国家事业发展的"主攻手"，面对矛盾危机敢于挺身而出，做到在急难险重任务和矛盾漩涡面前豁得出、顶得上、扛得住，为共产主义奋斗终身，随时准备为党和人民牺牲一切，永不叛党，彰显共产党人的强大人格力量。

凡做事，将成功之时，其困难最甚。孔子为推行自己的主张，带着学生周游列国十四年，虽历经艰难，四处碰壁，仍不改其志。困难矛盾之处、急难险重之事，最是考验党员作风、干部能力的试金石。领导干部要发扬"千磨万击还坚劲，任尔东西南北风"的精神品格，以坚忍不拔的意志和无私无畏的勇气战胜前进道路上的一切艰难险阻，争做党和国家事业发展的"爆破手"；要有冲锋在前的责任感、使命感、紧迫感，拿出等不起、慢不得、坐不住的"精气神"，勇于突破常规、敢于负重前行，在攻坚克难中提升能力，在攻城拔寨中展现作为。

既当改革促进派，又当改革实干家。习近平总书记强调："改革推进到今天，比认识更重要的是决心，比方法更重要的是担当。"改革越到深处，越要担当作为、蹄疾步稳、奋勇前进，不能有任何"停一停、歇一歇"的懈怠。领导干部要提高改革发展的思想自觉、政治自觉、行动自觉，要把增强"四个意识"、坚定"四个自信"、做到"两个维护"落实到行动上，争做党和国家事业的"主力军"，做到推进工作要实打实、硬碰硬，解决问题要雷厉风行、见底见效，以钉钉子精神抓好攻坚难度大、影响面广、同老百姓关系密切的改革任务。

102 把"想执行"作为一种思想常态，把"会执行"作为一种行动自觉

没有执行力，就没有战斗力；缺乏执行力，落实就会打折扣。毛泽东同志说过："政治路线确定之后，干部就是决定的因素。"党的伟大事业成败在于干部的执行力，干部的执行力是党的生命力。坚持提升执行力既是推进工作的现实需要，也是事业发展的根本要

求。习近平总书记指出："崇尚实干、狠抓落实是我反复强调的。如果不沉下心来抓落实，再好的目标，再好的蓝图，也只是镜中花、水中月。"执行力决定着党和政府决策部署的贯彻落实，关系着事业的兴衰成败。

为政之要，贵在落实。有了想执行的主观愿望，才会去思考怎样去执行、执行中碰到困难怎么办、如何把上级精神和具体工作实际结合起来等问题。有了想执行的积极态度，才能把党的方针路线政策贯彻好，把上级的决策部署落实好，做到令行禁止，执行到底。领导干部要把想执行当作一种高度的思想认识，时刻牢记肩上的重任，牢记党和人民的重托，把精力放在想干事业上，把心思花在想谋发展上，把功夫用在抓落实上，关键时刻才能站得出、顶得起、冲得上，才能以踏石留印、抓铁有痕的劲头完成艰巨任务，进而维护好、实现好、发展好广大人民群众的根本利益。

落实之要，重在执行。空谈误国，实干兴邦。没有强有力的执行，任何事情都只是虚谈。执行力是事业成功的关键，是工作的生命力。领导干部要带头把执行作为自己的行动自觉，对待工作做到接受不讲条件、执行不讲困难、完成不打折扣，将执行力贯穿到工作的各个环节；要切实做到党中央提倡的坚决响应，党中央决定的坚决执行，党中央禁止的坚决不做，坚决维护党中央权威和集中统一领导，做到不掉队、不走偏，以坚强的执行力推进中国特色社会主义伟大进程不断前进。

103 在工作面前当"多面手",在问题面前当"灭火器",在压力面前当"千斤顶"

习近平总书记提出:"要沉下心来干工作,心无旁骛钻业务,干一行、爱一行、精一行。"沉下心来干工作,心无旁骛钻业务是成长的必经之路,是通往成功的唯一捷径。领导干部要信念如磐、意志如铁、勇往直前,遇到挫折撑得住,关键时刻顶得住,扛得了重活,打得了硬仗,经得住磨难。

练就十八般武艺,做全能高手。天地无全功,圣人无全能,万物无全用。作为党的干部,作为人民的公仆,恰恰需要"全能"。领导干部要做到善学能为敢担当,做一名政治素质过硬、理论水平较高、实践能力较强的"全能高手";要多听多想、多学多做,从零碎工作中想思路、从不同工作中找共性,积少成多、集腋成裘,把"多"做实做细、做深作广;要学会在点和点之间建立联系,在线和线之间寻找交点,在面和面之间找出交集,不断丰富和拓展现有知识和能力的储备,实现合力在手,努力成为一名担当作为、攻坚拔寨的"多面手"。

兵来将挡,水来土掩。问题是时代的声音。一个先进的政党,总是善于在众声喧哗中听清楚时代的声音,解决时代提出的问题。纵观人类发展历史,一切发展进步无不是在破解时代问题中实现的。发现问题、研究问题、解决问题,始终是推动一个国家、一个民族向前发展的重要动力。领导干部要坚持问题导向,树立"问题意识",善于发现问题、提出问题,以历史勇气直面问题,以责任担当研究问题，以政治智慧回答问题，以实干精神推动问题的解决；要敢于正视问题，勇当灭火英雄，敢于较真碰硬、敢于直面困难，瞄着问题去、追着问题走，以解决问题为突破口，自觉在解决问题中把使命放在心上、把责任扛在肩上。

井无压力不出油，人无压力轻飘飘。越王勾践"卧薪尝胆"，终灭吴复国，成就一方霸业；改革开放前夕，邓小平顶着"不改革就是死路一条"的巨大压力，开启了激荡中国、震撼世界的伟大变革。承受压力，既需要心理方面的"软修为"，更需要干事本领的"硬肩膀"和专业精进的"金刚钻"。如果一遇到难题就捉襟见肘、束手无策，"心中一团火，脑中一团麻，办事一团糟"，哪能不"压力山大"。领导干部面对压力泰山压顶，要树立"我要行、我能行"的意识，积极自信，困难面前不低头、不退缩，迎难而上，能够沉下身子、静下心来，深入基层、深入实际、深入群众，在点点滴滴的实践中磨砺担当能力，提高实干能力，不断将"压力"转化为源源不竭的"动力"。

104 困难面前，先让自己承担；荣誉面前，先让自己靠边；危险面前，先让自己闯关

习近平总书记强调，担使命，就是要牢记我们党肩负的实现中华民族伟大复兴的历史使命，勇于担当负责，积极主动作为，保持斗争精神，敢于直面风险挑战，以坚忍不拔的意志和无私无畏的勇气战胜前进道路上的一切艰难险阻。

重任在肩，当仁不让。克服前进道路上的各种艰难险阻，总要有人忍受寂寞，总得有人去扛"炸药包"。成长面前，谁有主动接受磨炼的自觉，谁就有成长进步的机遇；任务面前，谁有主动攻坚克难的担当，谁就有完成任务的底气。领导干部要带头保持"撸起袖子加油干"的姿态、"快马加鞭未下鞍"的状态、"越是艰险越向前"的心态，不以一时之得而满足懈怠，不以一时之挫而气馁止步，遇到困难要冲锋在前，遇到急难险重任务敢为人先，敢于挑最重的担子、啃最硬的骨头，打开局面，扫清障碍，争当解决问题的先行者。

荣誉面前不争功，利益面前不计较。淡化个人名利，不争功、敢担责，把人民拥护不拥护、赞成不赞成、高兴不高兴、答应不答应作为衡量一切工作得失的根本标准，做一名合格的党员干部，才能真正赢得认可、赢得民心。领导干部必须树立正确的荣誉观，在荣誉面前，自觉把个人荣誉归属到国家荣誉、集体荣誉，不追逐个人荣誉，舍弃小我，成就大我，始终做到"革命第一，工作第一，他人第一"。

心忧天下，敢为人先。敢闯敢干才是实干担当的本色，要有"闯"的精神，即关键时候冲得上、原则问题守得住、紧要关头豁得出、困难面前挺得住。邓小平同志说过："没有一点闯的精神，没有一点'冒'的精神，没有一股子气呀、劲呀，就走不出一条好路，走不出一条新路，就干不出新的事业。"领导干部面对危险，要有舍我其谁的决心，勇当"攀登者"，以坚韧不拔的"韧劲儿"、竭尽全力的"狠劲儿"、一往无前的"闯劲儿"、斗志昂扬的"干劲儿"，闯出一片"新天地"、开创一番"新伟业"；要敢为人先，敢闯敢干敢冒风险，以"不入虎穴，焉得虎子"的精神，以"刮骨疗毒、壮士断腕"的胆识，以"第一个吃螃蟹"的勇气，冲破各种思想观念的束缚，突破体制机制的障碍，打破固有利益的藩篱，蹚出一条新路子。

105 复杂形势面前，唯有不忘初心，才能知根知本、坚定信仰；繁重任务面前，唯有牢记使命，才能知重扛重、砥砺前行

习近平总书记强调："不忘初心、牢记使命，必须作为加强党的建设的永恒课题和全体党员、干部的终身课题常抓不懈。"万水千山不忘来路，树高千尺根植沃土。党的初心和使命是党的性质宗旨、理想信念、奋斗目标的集中体现，激励着我们党永远坚守，砥砺着我们党坚毅前行。作为领导干部，要有清醒自觉的"身份认同"和"角色意识"，既要润物无声内化于心，更要扑下身子外化于行，做一个与时俱进的信仰者、德才兼备的为民者、敢于担当的实干者。

守得本心，方得美好。作家丁捷在《初心》一书中对初心的理解是，初心即自然、初心即自俭、初心即自由、初心即自重，说来说去，初心是一切美好的本愿。一个人、一个政党、一个政府，开始起步时大都有美好的初心，然而初心易得，始终难行，走着走着，把初心淡忘了、走丢了，结果就会善始而不得善终。作为领导干部，要经常自省三个终极哲理：我是谁？我来自哪里？我要去往何方？才能立根固本，坚定理想信念，坚定马克思主义的伟大信仰。

负重炼初心，躬行践誓言。1916年，李大钊同志曾在《新青年》上疾呼，希望青年人能"冲决历史之桎梏，涤荡历史之积秽，新造民族之生命，挽回民族之青春"。时代在变迁，但不变的是每一代人都需扛起应有的时代使命和历史担当。历史很大，个人很小。在历史的洪流中，要想不负时代的使命，领导干部要勇于承担起干事、创业、育人、建章、树风的职责担当，让使命感贯穿于视野的整个发展过程之中，提高知重负重的本领，用攻坚克难的实际行动，诠释对党的忠诚、对人民的赤诚。

"初心"不丢，"使命"不负。马克思说："人们为之奋斗的一切，都同他们的利益有关。"共产党人的奋斗所指向的领域就是人民群众的利益，甚至是大众和市场不愿触及的矛盾和问题，这也正是共产党人的初心和使命的逻辑起点和目标终点。领导干部要不改初心，不辱使命，必须要不断叩问初心、守护初心，不断坚守使命、担当使命，始终做到初心如磐、使命在肩；要以党的创新理论滋养初心、引领使命，从党的非凡历史中找寻初心、激励使命，在严肃党内政治生活中锤炼初心、体悟使命，把初心和使命变成锐意进取、开拓创新的精气神和埋头苦干、真抓实干的原动力。

106 观念上有新飞跃，思路上有新突破，工作上有新标准，作风上有新改进

古人云："惟进取也，故日新。""求新"，是工作突破之源。领

导干部的担当作为与开拓创新密不可分、相辅相成；担当作为是开拓创新的前提与基础；开拓创新是担当作为、成就事业的真实写照、具体体现、重要条件；担当作为本身就包含着、意味着要锐意进取、开拓创新。

新念换陈思，飞度此关山。习近平总书记强调："发展理念是发展行动的先导，是管全局、管根本、管方向、管长远的东西，是发展思路、发展方向、发展着力点的集中体现。"观念理念求新是推动工作提质创新的先导，思想上敢想，才可能行动上敢干、敢闯、敢冒、敢试，求新创新。如果发展理念跟不上时代潮流，就会妨碍发展全局，影响发展效果。面对新情况、新问题，领导干部要努力想新办法、找新出路、创造新经验、开创新局面，把创新理念作为推动发展的行动指南，贯彻落实到推动发展的全部工作之中，以创新理念引领发展。

思路新一步，工作进一阶。思维方法、思维水平决定工作的质量与水平；思路先有突破，工作才能出成果。工作思路能否持续突破，一定程度上决定了能否开拓认识新领域、解决现实新问题，是检验领导干部能力强不强的重要标准。敢不敢开拓创新、善不善开拓创新，彰显的是信念、精神、勇气、智慧、才干、操守、境界、责任。领导干部要变习惯性思维、经验性思维为超前性思维、主动性思维，不断破除安于现状的思想，树立争创一流的意识，拿出新举措，务求新进展。

对标竞进，其命维新。作出一流的工作必须要有一流的干部，一流的干部必须要有新标准的追求，敢闯敢试、敢为人先。有新的高标准的要求才会严格对待工作中的每一个细节，才能充分发挥个人的主观能动性，对每一项工作都追求完美，以一往无前的姿态应对各种风险挑战。领导干部开展工作要与时俱进，对标上级的最新工作部署要求，对标人民群众最新的利益诉求，以新标准树立新"风向标"、新"晴雨表"，对标对表开展好各项工作，确保工作推进有新进展，工作成果达新标。

生命不停息，作风改进无休止。作风建设永远在路上，永远没有休止符。领导干部在作风建设上，务必发条紧绷、警钟长鸣，笃定"越是艰险越向前"的决心，保持"咬定青山不放松"的定力，坚持不懈推动中央八项规定精神落实、驰而不息纠治"四风"，以好作风护航干事创业，不断开辟作风改进"新境界"，促使作风改进日日有新，作风建设日日进步。

107 时刻保持"本领恐慌"，不断加快"本领升级"

习近平总书记强调，全党同志特别是各级领导干部，要有本领不够的危机感，以时不我待的精神，一刻不停地增强本领。无论是干事创业还是攻坚克难，不仅需要宽肩膀，而且需要铁肩膀；不仅需要政治过硬，而且需要本领高强。当今世界正经历百年未有之大变局。在这样的大背景下，无论是要推动高质量发展，还是防范重大风险、应对重大挑战，都必须保持对本领的危机意识，更加自觉更加主动地提升本领。

有多大能力，成多大事业。 俗话说，"绳短难以汲深井，浅水难以负大舟"。本领决定事业的成败，决定人生的前途、命运。面对当前的机遇和挑战，领导干部如果对本领升级的自觉性和紧迫性不强，满足现状，知识就会老化，能力就会退化，跟不上形势发展，工作就难有大作为。肩负重大政治使命，领导干部要时刻保持"本领恐慌"的危机感和紧迫感，不断提高自我净化、自我完善、自我提升、自我革新能力，紧跟时代步伐，积累广博知识，涵养睿智头脑，锻炼实干本领，促使"本领自信"与"本领恐慌"相互作用、共同发力。

看不见短板，早晚要翻船。 孔子有言，"知不足，然后能自反也，知困，然后能自强也"。本领恐慌是基于认知到自身本领不足而产生的危机感，是先知先警的自觉。时代在变，环境在变，知识迭代更新换挡提速，以守株待兔、刻舟求剑的方式来应对，必然被时代淘汰。面对新情况、新问题，领导干部就难免会遇到"新办法不会用，老办法不管用，硬办法不敢用，软办法不顶用"的情况。强化增强本领的紧迫感，学习马克思哲学的认识论才不会"半桶水晃荡"，知行合一才不会断档脱节，造福一方才不会力不从心。领导干部要多些"本领恐慌"意识，多学习，多积累，多历练，补短板、强弱项，避免陷入少知而迷、不知而盲、无知而乱的困境。

学习不停步，提升不降速。 习近平总书记指出，加强学习是解决"本领恐慌"的唯一途径。学习是提高能力和本领的前提，只有通过学习增强工作的科学性、预见性和主动性，才能提高解决实际问题的能力和水平。新形势下，世情国情党情社情发生巨大变迁，领导干部要对标"八个本领""七种能力"，加快知识更新，优化知识结构，拓宽眼界格局，坚持向人民学习，向实践学习，坚持学中干、干中学、学用相长，以本领的升级，练就干事创业的"几把刷子"，在"苟日新，日日新，又日新"的自我觉醒中不断提高领悟力、判断力、执行力，掌握工作主动权，在实现中华民族伟大复兴中国梦的进程中有一番新作为。

108 不畏浮云遮望眼，心有定力步自坚

求木之长者，必固其根本；欲流之远者，必浚其泉源。习近平总书记多次强调，要增强党员干部的政治定力，明确指出党员领导干部要坚守政治定力，做到政治信仰不变色、政治立场不动摇、政治方向不偏移。旗帜鲜明讲政治，坚定政治方向、保持政治定力，才能统一全党思想、凝聚全党力量，打造一支具有钢铁般信仰和意志的党员干部队伍，领导干部要把锤炼过硬的政治定力作为一生的座右铭、终身的必修课。

草萤有耀终非火，荷露虽团岂是珠。习近平总书记强调，要做到在重大问题和关键环节上头脑特别清醒、眼睛特别明亮，善于从一般事务中发现政治问题，善于从倾向性、苗头性问题中发现政治端倪，善于从错综复杂的矛盾关系中把握政治逻辑，坚持政治立场不移、政治方向不偏。在各种思想交融交锋、价值观念多元多样的当下，现实生活中一些是非问题并非"泾水清清渭水浑"，一眼就可以区分开来。作为新时期的领导干部，如果看不清事物的全貌和

本质，分不清是非，势必导致政治立场不坚定，迷失正确的方向。领导干部要提高政治敏锐性和判断力，科学把握形势变化、精准识别现象本质、清醒明辨行为是非，善于从政治上发现问题，在谋划战略、制定政策、部署任务、推进工作时，自觉同党中央对标对表，进而校准自己的思想和行动，确保各项事业始终沿着正确政治方向前进。始终保持"赶考"的清醒，保持对"腐蚀""围猎"的警觉，善于从纷繁复杂的表面现象把握事物的本质和发展的内在规律，科学预见形势发展走向，有效抵御风险挑战。

暮色苍茫看劲松，乱云飞渡仍从容。保持政治定力就是在思想上、政治上、行动上排除各种干扰、消除各种困惑，坚持正确立场、保持正确方向。政治定力不仅需要理论的滋养和煦润，更需要实践的巩固和强化。今天，中国共产党领导人民进行伟大社会革命，涵盖广泛的社会领域，触及复杂的利益格局，涉及许多尖锐的矛盾和问题。这就要求各级领导干部自觉站在党和国家的战略全局、政治大局上想问题、作决策、办事情，面对大是大非敢于亮剑，面对矛盾敢于迎难而上，面对危机敢于挺身而出，面对失误敢于承担责任，面对歪风邪气敢于坚决斗争。只有处理过复杂的矛盾、经历过重大的斗争，领导干部的政治定力才能变得极为坚强，才能抵抗各种压力、战胜各种困难。领导干部要到重大斗争中去经受锻炼，在搏击风浪中增长胆识和才干，练就真功夫、硬本领，练就钢铁般坚强的政治定力，做到临危不惧、处变不惊。

109 "守夜人"的忠诚，"排雷手"的勇气，"实干派"的作风

习近平总书记强调，领导干部，特别是广大年轻干部要做到信念坚、政治强、本领高、作风硬。对于领导干部，做起而行之的行动者，当攻坚克难的奋斗者，既是义不容辞的政治责任，也是舍我其谁的历史使命，只有用知重负重、攻坚克难的实际行动，才能诠释对党的忠诚、对人民的赤诚。领导干部要做到"忠"字为要、"干"字当先，以实际行动诠释共产党人的初心和使命。

忠诚共白日，势利一飞尘。天下至德，莫大于忠。习近平总书记强调："领导干部要忠诚干净担当，忠诚始终是第一位的。"作为一种实现自身价值的必要品质，忠诚更是领导干部的一种从政品德和自觉行为。其中对党绝对忠诚是领导干部的生命线，是做好工作的根本点。对党忠诚，同时还要求对人民绝对忠诚。领导干部是人民的公仆，要把人民放在心里的最高位置；只有这样，才能发挥连接党中央与人民群众的桥梁纽带作用，目标一致、步伐协调，"一肩挑两头"。对党和人民绝对忠诚，要做到高度自觉、积极作为、创新有为地全面贯彻执行党的理论和路线方针政策，使政令畅通，一以贯之，确保"科学理论管全局""美丽蓝图绘到底"。

险夷不变应尝胆，道义争担敢息肩。习近平总书记指出，党员干部不断提高攻坚克难的本领要敢于动真碰硬，勇于攻坚克难，要始终坚信，没有趟不过的通天河，翻不过的火焰山。党和国家的各项事业不可能永远一帆风顺，"硬骨头""拦路石"是永远无法避免

的考验，唯有鼓起攻坚克难的勇气，才能确保不论外界环境如何，都能在蓬勃朝气的指引下，不断进取，奋发有为。在面对难题顽疾和急难险重任务时，领导干部要勇于担当，敢于担责，不躲开不绕开不推脱，以舍我其谁的气魄，真抓实干，始终保持一种痴劲、钻劲、韧劲、干劲，动真碰硬，切实履职尽责。

惟其艰难，方知勇毅；惟其实干，始得玉成。大道至简，实干为要。反对空谈、崇尚实干、注重落实，是我们党的优良传统。邓小平同志在改革之初曾告诫全党："世界上的事情都是干出来的，不干，半点马克思主义都没有。"推进伟大事业，离不开思想解放、观念创新，更需要埋头苦干、真抓实干。新时代的领导干部要永葆"实干"的作风和"求真务实"的精神，重温"时间就是金钱，效率就是生命"的格言，实字当头、以干为先，努力出实招、干实事、创实绩，以行动自觉深化思想自觉，以实绩实效检验初心使命，才能战胜前进道路上的一切艰难险阻。

110 "一叶知秋"的敏锐意识，"一往无前"的破立方法论，"一线作为"的务实本色，"一丝不苟"的较真态度，"一抓到底"的坚定决心

习近平总书记指出："抓工作，要有雄心壮志，更要有科学态度。"打铁必须自身硬。当今世界正处于百年未有之大变局，前进道路上，来自各方面的困难、风险、挑战将会不断出现。各级领

导干部是党的执政骨干，是建设中国特色社会主义事业的"领头雁"，只有坚定信念，锤炼本领，夯实态度，敢闯敢干才能取得事业成功。

心事浩茫连广宇，于无声处听惊雷。毛泽东同志说过："当桅杆顶刚刚露出的时候，就能看出这是要发展成为大量的普遍的东西，并能掌握住它，这才叫领导。"敏锐的洞察力是领导者必备的关键性素质，是政治水平高低的重要标志。领导干部要不断增强科学把握发展形势的政治预见力、精准识别现象本质的政治洞察力、清醒明辨行为是非的政治决断力、有效抵御风险诱惑的政治免疫力。

敢教荒原成沃野，誓将沙碛变新洲。破与立是辩证统一的关系，是发展事业的重要课题。既要敢于"破"，更要善于"立"，要坚决破除不合时宜的陈旧规矩，要坚决立起科学的方法制度，着力用创新的举措打通关键环节的障碍；要坚持正确运用新时代的"破立"方法论，坚持在实践中守正出新，推动工作达到更高层次的新境界、形成更高层次的新格局。

实言实行实心，无不孚人之理。习近平总书记指出："要坚持求真务实，察真情、说实话，出真招、办实事，下真功、求实效。"干部不领，水牛掉井。只有领导干部带头在改革攻坚、科学发展、应急处突、群众工作、狠抓落实的一线求真务实、真抓实干，撸起袖子加油干，甩开膀子向前走，采取具体的行动、取得实际的效果，不断厚植"求真务实"的红色基因，形成"强磁场"，干部群众紧随其后，才能汇聚成干事创业的强大正能量。

胆欲大而心欲细，志欲圆而行欲方。领导干部作为政策的落实者，工作的推动者，人民的服务者，倘若总是本着"差不多就行"的工作态度，大大咧咧，混沌度日，许许多多的"差不多"累计起来就会差很多、差太多。克服"过关"思想，需要党员干部强化宗旨意识和担当意识，要有动真碰硬、敢于交锋的精神，拿出党员干部应有的姿态，严格执行各项规定，坚持要求不松、标准不降，干劲不减，持之以恒实现常抓长效。

咬定青山不放松，不达目的不罢休。习近平总书记强调领导干部要有钉钉子的精神。钉钉子不是一锤子就能钉好的，只有一锤接着一锤敲，才能钉实钉深钉牢。发扬钉钉子精神，贵在持之以恒、常抓不懈、久久为功。为人民做事，就要一件事情接着一件事情办，一年接着一年干，要以踏石留印、抓铁有痕的劲头，坚持"常""长"二字，以锲而不舍的韧劲，不厌其烦，反复抓、抓反复，善始善终，善作善成，敬终如始。

111 勇当狠抓落实"主攻手"，争做作风转变"排头兵"

抓落实是衡量干部事业心、责任感和执行力的重要标尺，是干部作风的直接体现。作风过得硬，抓落实才会有力度，工作才能有作为。党的领导干部要保持"作风建设永远在路上"的执着和韧劲，驰而不息转作风，久久为功抓落实，以转作风、抓落实的新成效，开创事业发展的新局面。

干字当先，一往无前。把为政如农工般精耕细作，日夜思之；

把为民如爱己般殚精竭虑，日夜牵挂。狠抓落实是做好一切工作的根本，是实现目标任务的不二途径。习近平总书记强调："如果不沉下心来抓落实，再好的目标，再好的蓝图，也只是镜中花、水中月。"面对世界百年未有之大变局，只有加倍努力、狠抓落实，将实干进行到底，才能战胜前进道路上的各种风险、困难和挑战，才能实现中华民族伟大复兴的中国梦。干部干部，"干"字当头，"干"就是抓落实。领导干部要把狠抓落实作为一种政治要求、一种工作要求、一种能力操守，不断增强狠抓落实的思想自觉和行动自觉，不折不扣贯彻落实党中央的方针政策、决策部署，真正把"两个维护"体现到具体工作中，体现到实际行动上，确保党中央政令畅通；要充分发扬理论联系实际的马克思主义学风，不能夸夸其谈、陷于"客里空"，要把狠抓落实同完成改革发展稳定各项任务结合起来，在攻坚克难、干事创业中既要当"主攻手"，更要当"主力军"，以实际成效推动党的路线方针政策落地生根。

干事走在前列，作风挺在前面。习近平总书记强调，作风建设是永恒课题，要标本兼治，经常抓、见常态，深入抓、见实效，持久抓、见长效，通过立破并举、扶正祛邪，不断巩固和扩大已经取得的成果。领导干部的工作作风，对个体而言，反映的是工作理念，体现的是工作方法；反映的是政治修为，体现的是党性的强弱；反映的是道德品质，体现的是情操的高低。优良的工作作风，是践行群众路线的反映，表现为为民、务实、清廉；低劣的工作作风，是脱离群众路线的反映，表现为形式主义、官僚主义、享乐主义和奢靡之风。领导干部要争做改进作风的表率，自觉做到标准高于一般干部，行动先于一般干部，要求严于一般干部；要经常"照镜子"，变"给我上"为"跟我来"，从我做起，带头讲学习、带头抓落实、带头解难题；要敢于沉到工作推不开的地方去，下到矛盾复杂的地方去，落到重点工程、重点项目当中去；要把作风转变融入日常工作中，努力克服工作中的形式主义、短期行为，形成抓作风促工作、抓工作强作风的良性循环。

112 在你成为领导者之前，自我成长便是成功；当你成为领导者之后，成功则是促进他人的成长

习近平总书记指出："好干部不会自然而然产生。"成长为好干部，一靠自身努力，二靠组织培养。自我成长和促进他人成长是一名领导干部在成长过程中必备的两个重要素养。只有经历白我成长的过程，不断地经受各种考验，才能从普通干部走上领导岗位；只有促进他人成长，培养和造就更多的接班人和年轻干部，才能真正体现自己的领导力。

玉经磨多成器，剑拔沉埋便倚天。自我成长是人在一生中经历各种事情后不断成熟的变化过程。习近平总书记指出："领导干部要经受严格的思想淬炼、政治历练、实践锻炼，在复杂严峻的斗争中经风雨、见世面、壮筋骨，真正锻造成为烈火真金。"所谓"铁炼成钢，兵练成将"。领导干部是领导人民的中坚力量，是关乎国家发展的重要因素之一。因此，领导干部要有充分的自信，脚踏实

地、认真务实，不断总结经验、提升自我，不断提高解决实际问题的能力，敢于面对任何复杂多变的形势，善于应对各种急难险重任务，真正把工作留给自己，把升迁留给组织。

争当干部成长的引路人和模范者。习近平总书记指出："各级党组织书记既要管好干部、带好班子，也要管好党员、带好队伍，掌握抓党员队伍建设的方法要求。"所谓"队伍强不强，全靠领头羊"。领导之事，在于作决策、用干部。一个好的领导干部，能够确定一个好思路，带出一支好队伍，从而营造一种好风气，促进一个地方的经济发展和社会稳定。作为领导干部，不注意培养人才，不注重带好队伍，是政治上的短视和对党的事业不负责任的表现。由于领导干部的身份、地位和角色的特殊性，其一言一行对下属具有潜移默化的影响作用和示范效应。因此，领导干部不仅要具备"为官一任，育人一批"的境界和胸怀，始终把培养干部放在心上、抓在手上，而且还要拥有"正人先正己"的魄力和底气，时时处处严格要求自己，身体力行地作出表率，以模范行为影响人、感召人、带动人。

113　成为"行家里手"，当好"施工队长"，发挥"头雁效应"

习近平总书记强调："我们的党政领导干部都应该成为复合型干部。"复合型，这是新时代党的干部在知识结构与能力体系方面的目标指向。当今世界发展日新月异，面对的形势复杂多样，这对领导干部从政水平提出了更高的考验。如果只依赖于过去的那点知识底子，只看得到面前的一亩三分地，只会喊几句口号，那么必将被时代所淘汰。因此，领导干部不仅要有求知的精神，还要有干事的本领，既要当"专家"，也要当"杂家"，更要当"行动家"。做工作的多面手，成为复合型人才。

业精才能成事，博学方能多才。习近平总书记强调："领导工作要有专业思维、专业素养、专业方法。"所谓"不一则不专，不专则不能"。只有专博相济，才能本领高强，办事才更有效。新时代的领导干部必须发扬"工匠精神"，聚精会神攻主业、学专业，不断增强补课充电的紧迫感，加快知识更新、优化知识结构，不断拓宽视野，强化专业素养，培养干好工作的专业知识、专业能力、专业作风、专业精神，让自己真正握紧"金刚钻"，做到干一行、爱一行、专一行、精一行，切实提高专业化水平。

抓必抓紧，抓而必实。毛泽东同志曾提出："什么东西只有抓得很紧，毫不放松才能抓住。抓而不紧，等于不抓。"领导干部不仅是指挥员，更是施工员。什么事情最需要办，就亲自到一线去抓；什么问题最难办，就带头到一线去解决。因此，领导干部要有"坐不住""等不起""慢不得"的紧迫感，自觉沉下心来抓落实，既要带头抓，又要扑下身子一件一件抓落实、一项一项抓兑现；要亲自抓、亲自管，层层传导压力，将举措细化、实化、具体化，坚持"过得硬"，不要"差不多"，追求"最完美"，树立效果意识，提高抓落实的质量。

行之以躬，不言而信。带头示范体现的是一种态度，树立的是一面旗帜，展现的是一种作风，凝聚的是一种力量。古语有云，"教者，效也，上为之，下效之"。领导领导，领而导之，群雁高飞头雁领。所谓口惠而行不至，说得再动听别人也不会相信，而行动才是最强的指令。领导干部要变指派命令为行动感召、变声音指挥为行动引领，不光"嘴上喊"，还要"身自动"，一级做给一级看、一级带着一级干，要求别人做到的，自己首先要做到，要求别人不做的，自己坚决不做，切实发挥好引领示范作用。

114 精益求精而不得过且过、踏实苦干而不投机取巧、团结协作而不贪功冒进

精益求精是一个领导干部必备的素质，踏实苦干是一个领导干部必备的工作作风，团结协作是一个领导干部必备的工作方式。一个追求精益求精的人，必定会踏踏实实地去做好每一件工作。而光有精益求精和踏实苦干的精神，缺乏团结协作，也会独木难支。因此，精细、踏实、协作是新时代领导干部必须具备的基本功。

没有最好，只有更好。习近平总书记深刻指出，在长期实践中，我们培育形成了执着专注、精益求精、一丝不苟、追求卓越的工匠精神。一些领导干部对自己要求不严，始终抱有"60分万岁"的及格心态，什么事情只求过得了、完得成、差不多，而没有好中求好、优中求优的心态，从而使自己在工作中总是原地踏步。因此，领导干部要树立精品意识，坚持"严"字当头、"精"字当

先，不得过且过，不满足于既有的成就，勇于自我批判，善于比较比选，寻求更优方案，始终保持思维的活跃性、思想的敏锐性、思路的开拓性，做到认真认真再认真、优化优化再优化、提高提高再提高，以"精心"凝神聚力，于细微之处见精神、见水平、见功力，把工作做到位、做过硬，出精品、创一流，以"精"字作风创出"金"字成效。

一步一个脚印，一程一座丰碑。习近平总书记指出："每一项事业，不论大小，都是靠脚踏实地、一点一滴干出来的。"做人做事，最怕的就是只说不做，眼高手低。俯下身子，踏实干事，是落实自己的工作责任，更是服务百姓的方法。实干，既要着眼当前，又要兼顾长远，不做不切合实际的幻想，要从小处着手，从基础工作抓起。踏实干事，就要用心想事、用心谋事、用心干事、用心成事。实干是我们党的优良传统。一些领导干部在工作中缺乏吃苦耐劳的精神，总想着走捷径、抄近路，最终往往自己一无所得，甚至走上不归路。领导干部不论学习还是工作，都不能投机取巧，要面向实际、深入实践，实践出真知；要严谨务实，一分耕耘一分收获，苦干实干。

同心山成玉，协力土变金。积力之所举，则无不胜也；众智之所为，则无不成也。习近平总书记指出："团结是中国人民和中华民族战胜前进道路上一切风险挑战、不断从胜利走向新的胜利的重要保证。"团结协作是每个领导干部必须遵从的党性原则，是成就事业的必然要求。懂团结是真聪明，会团结是真本领，团结越紧，力量越大。一些领导干部为了短期的政绩，不懂得团结协作，而是固执己见、独断专行，最终影响了一个地区或一个单位的长期发展。领导干部不能讲个人英雄主义，贪功冒进，要树立团结协作的意识，把团结协作作为基本政治素质，任何时候都带头讲团结，善于团结一切可以团结的力量，寻求最大公约数，画好最大同心圆，营造同志之间精诚合作、团结共事的和谐氛围。

115 说一句是一句，句句算数，干一件成一件，件件落实；决策定一条是一条，条条算数，承诺说一个做一个，个个兑现

习近平总书记强调："不驰于空想、不骛于虚声，一步一个脚印，踏踏实实干好工作。"所谓空谈误国，实干兴邦。机遇稍纵即逝，改革不进则退，时代呼唤只争朝夕、真抓实干的行动者。只会纸上谈兵而不知行合一、热衷虚谈废务，追求形式主义而不脚踏实地；结果只能是大政方针落空、政策措施变味。人民群众永远支持为民的实干型政府。因此，领导干部要有务实的作风、奉献的精神、担当的底气，在谋事创业上要拿出一干到底的精神，以坚定的方向、实干的魄力和不达目的誓不罢休的恒心，做到干字在前，吃苦在先。

说话算话，善作善成。习近平总书记指出："人民群众对我们拥护不拥护、支持不支持、满意不满意，不仅要看我们是怎么说的，更要看我们是怎么做的。"言出必行、言行一致，是中国共产党人

一以贯之的政治品格。坚守初心、兑现承诺，就要不兴伪事、不务虚功，做"说到做到"的实干家。历史和现实告诉我们，实干方能兴邦、实干方能强国、实干方能富民。领导干部要用行动兑现对人民的承诺，激励大家担当作为、增强执行力，以实实在在的成果造福于民、取信于民，真正做到言必出、行必果。

利必行，弊必改。《墨子》中云："利人乎即为，不利人乎即止。"中国两千年前的传统文化告诉我们，凡是有利于人的事情就要去做，凡是不利于人的事情就坚决不能做。领导干部是人民的公仆，在为官从政的过程中要始终从"是否有利于党和人民事业"这个方向出发，在服务群众中出实招、干实事、见实效，踏踏实实地将党和人民交给我们的事业干成、干好，同时以"三省吾身、闻过即改"的智慧，不断地对标先进、见贤思齐，在自省中自我革弊鼎新，切实以"严"的要求、"实"的精神，做到边干边改、干改结合。

让行动与决策形影相伴。习近平总书记指出："要抓实、再抓实，不抓实，再好的蓝图只能是一纸空文，再近的目标只能是镜花水月。"决策要发挥作用，唯一的途径就是落实，再好的决策不落到实处就是一纸空文，再好听的话不落到实处就是一堆空话。领导干部不落实决策、说话不算话，就会影响党的公信力，会失信于民，严重影响党在人民心中的公信力。因此，领导干部不仅要拍板做决策，更要带头做决策，要坚决破除"以会议落实会议，以文件执行文件，以讲话贯彻讲话"的形式主义，使大力气干，下真功夫干。

116 毫不懈怠的冲劲，勇攀高峰的闯劲，勇夺冠军的拼劲，争创一流的干劲

习近平总书记指出："关键时刻冲得上去、危难关头豁得出来，才是真正的共产党人。"所谓千磨万击还坚劲，越是艰险越向前。领导干部唯有担当作为、勇毅前行，激发自己在工作中的冲劲、闯劲、拼劲、干劲，坚决做新时代改革发展冲锋陷阵的战士，才能不负初心、不辱使命。

争当干事创业的急先锋。革命战争年代，一声声"冲啊""同志们跟我上"，何其震撼！"忠诚印寸心，浩然充两间"的坚毅，"砍头不要紧，只要主义真"的无畏，跨越时空、延续传承，映照着理想信仰、党性觉悟与品格境界。冲劲不是冲动，不会自然而然产生。领导干部为党和人民的事业拼搏奉献，归根结底靠思想自觉。因此，只有只争朝夕、不负韶华，不松懈、不怠慢，不断叩问、检视、锤炼初心，不断体悟、激扬、砥砺使命，永葆拼搏的意识、精神、行动，才能真正抵达积极主动、无怨无悔的精神境界，从而积攒强有力的冲劲。

勇闯地雷阵，敢涉深水区。英勇顽强、坚韧不拔，是中华文化生命禀赋和生存耐性的体现，是中国共产党人精神谱系的重要构成。冲锋陷阵一时易，持之以恒最难得。奋进新时代，全面落实党中央决策部署、坚持稳中求进工作总基调、坚持新发展理念等等，都难以毕其功于一役，都需要直面风险挑战，付出艰苦努力。党员干部无论身处何种岗位，都应沉下心来做事，蓄积滴水穿石的精

神、善作善成的毅力、老牛爬坡的耐性。不贪一时之功、不为一时之誉、不计一事之成，敬终如始、绵绵用力，把本职工作抓到位，把解决难题抓到底，才能书写出彩人生。

人生能有几回搏，此时不搏何时搏。习近平总书记指出："为了做好这些工作，我们的各级干部也是蛮拼的。""拼"就是尽自己最大的力量去努力、去奋斗，它体现了一种生活态度、进取精神。古有"精卫填海""愚公移山"，以"拼"的精神改变自然环境，今有"大庆精神（铁人精神）""'两弹一星'精神""红旗渠精神""载人航天精神"等，这些都深深打上了"拼"的印记。领导干部要保持蓬勃朝气、昂扬锐气，保持一股子披荆斩棘、一往无前的拼劲，让自己在拼搏中得到不断的成长和锻炼。

奋斗创造奇迹，实干成就伟业。而今，中华民族千百年来"民亦劳止、汔可小康"的憧憬变为现实。这样的美好图景，是一点一滴拼出来、一步一步干出来的。"假金方用真金镀，若是真金不镀金"，工作能否踏实在乎心，心诚则实，心浮则飘。领导干部应当树立正确政绩观，崇尚实干、脚踏实地，力戒形式主义、官僚主义，把每件事都往实处做、深处做、细处做，以实实在在的举措、行动、效果，解民忧、纾民怨、暖民心。

117　水到渠成，可贵的是坚定；水滴石穿，可敬的是坚韧

习近平总书记强调："年轻干部是党和国家事业接班人，必须立

志做党的光荣传统和优良作风的忠实传人，不断增强意志力、坚忍力、自制力，在新时代全面建设社会主义现代化国家新征程中奋勇争先、建功立业，努力创造无愧于党、无愧于人民、无愧于时代的业绩。"领导干部应该把好传统带进新征程，把好作风弘扬在新时代，不断坚定理想信念，增强坚韧干劲，从务实工作的点点滴滴中积累持续向好、不断推进的强大力量。

立志不坚，终不济事。习近平总书记指出志不立，天下无可成之事。崇高的共产主义理想和坚定的中国特色社会主义信念，始终是激励和鼓舞中国共产党人不懈努力奋斗的精神动力，始终是共产党人干事立志的遵循和安身立命的根本。理想信念是精神之"钙"、胜利之"钥"。理想信念动摇是最危险的动摇，理想信念滑坡是最危险的滑坡。实践证明，只有理想信念坚定的人才能在风雨中砥砺前行，在荆棘中茁壮成长，才能真正做到舍"小我"为"大我"，舍"小家"为"大家"，坚定不移地为实现既定目标而奋斗。领导干部要不断坚定理想信念，坚守共产党人的精神追求，立足共产党人安身立命的根本，要不断加强思想淬炼、政治历练，做到真信、实做、严守，实现思想上的改造，达到行动上的纠偏。

意志在哪里，出路就在哪里。新时代，什么最重要，坚韧的品质最为重要，而挫折又是练就坚韧的必经之路，挫折历来都是相伴人生的财富。纵观历史，经过坎坷和磨难的人必有所成、终成大器。"已是悬崖百丈冰，犹有花枝俏"，赞扬了梅花傲雪立冰昂首怒放的坚韧品格，更是激励党员干部带头涉险、冲锋在前，磨砺品质的动力源泉。建成社会主义现代化强国，实现中华民族伟大复兴的中国梦需要领导干部有"不到长城非好汉"的韧劲和不获全胜绝不收兵的勇气；需要领导干部在面对重大考验和严峻挑战的时候，有"精神贯注，猛力向前，应乎世界进步之潮流，合乎善长恶消之天理，则终有最后成功之一日"的决心，发扬共产党人跨越"草地"和"雪山"的无畏精神，鼓足干劲、坚韧不拔、不屈不挠，充分发挥"火车头"的带动作用，以永远在路上的坚韧和执着认真履职尽责。

118 想干成大事，除了勤于修炼才华和能力，更重要的是要能坚持下来

习近平总书记曾说过："只要坚持，梦想总是可以实现的。"在艰难险阻的面前永不放弃、毫不动摇，是进步的不竭动力。胜利不会向我们走来，我们必须坚定地走向胜利。面向未来、面对挑战，领导干部想要干出一番事业，不仅要充实自己的理论水平，提高自己处理和应对各种复杂问题的能力，更要培养自己干事创业的信心、恒心和决心。只有始终保持坚持者的状态，才能推动各项事业不断取得进步。

一日一钱，十日十钱。古罗马著名哲学家塞内加说："只要持续地努力，不懈地奋斗，就没有征服不了的东西。"马拉松是最考验耐力的运动之一，唯有意志坚定、持之以恒的人才能跑完全程。人生如同跑步，许多时候都是在挑战自己的极限，懈怠、放弃常会冒

头，唯有坚持坚持再坚持，挺过最难的一段，才能顺利到达终点。推进党和人民的事业也像一场马拉松，需要领导干部以越是艰险越向前的勇毅，步履坚定、负重前行。

人贵有恒，事无不成。德国著名哲学家席勒说过，"只有恒心可以使你达到目的"。恒心是成功的基石，努力是成功的阶梯。成大事不在于一时的力量大小，而在于能坚持多久。人生不可能总是一帆风顺，在失意和平淡时，若具备持久的耐心和坚韧的毅力，铆足劲坚持下来，就能一次次地成功"渡劫"，积小胜为大胜，进而成就事业。领导干部必须坚定对马克思主义的信仰，坚持不懈地用马克思主义武装头脑、凝心聚力，将党和人民的事业进行到底。

绳锯木断，水滴石穿。俄国作家车尔尼雪夫斯基说过，"只有毅力才会使我们成功，而毅力的来源又在于毫不动摇"。涓滴之水可以穿石，不是由于它力量强大，而是由于它昼夜不舍的滴坠。干工作既要一鼓作气，又要绵绵用力。领导干部要树立正确的工作目标，保持"咬定青山不放松"的定力，坚定对社会主义和共产主义的信念，坚定中国特色社会主义道路自信、理论自信、制度自信、文化自信，发扬愚公移山精神，坚持抓常抓长，不放弃、不停顿、不懈怠，持续用力、久久为功，善始善终。

后　记

　　这本书是"新时代干部之基系列丛书"的第二本。党的干部必须对党绝对忠诚，这既是政治标准，更是实践标准。干部要做到对党绝对忠诚，首先就要做到不谈条件、不论付出、不讲回报，心甘情愿地为党和人民事业付出自己的一切。忠诚胜于能力。只有靠得住的干部，才能真正让党放心、让人民满意。而"靠得住"也是具体的，并不是抽象的。为此，笔者围绕"做干部必须靠得住"这一主题分六篇一一八题进行论述。但愿对干部有所帮助。

　　非常感谢国家行政学院出版社的大力支持！

晓山
2022年6月